UTB **3048**

Eine Arbeitsgemeinschaft der Verlage

Böhlau Verlag · Köln · Weimar · Wien
Verlag Barbara Budrich · Opladen · Farmington Hills
facultas.wuv · Wien
Wilhelm Fink · München
A. Francke Verlag · Tübingen und Basel
Haupt Verlag · Bern · Stuttgart · Wien
Julius Klinkhardt Verlagsbuchhandlung · Bad Heilbrunn
Lucius & Lucius Verlagsgesellschaft · Stuttgart
Mohr Siebeck · Tübingen
Orell Füssli Verlag · Zürich
Ernst Reinhardt Verlag · München · Basel
Ferdinand Schöningh · Paderborn · München · Wien · Zürich
Eugen Ulmer Verlag · Stuttgart
UVK Verlagsgesellschaft · Konstanz
Vandenhoeck & Ruprecht · Göttingen
vdf Hochschulverlag AG an der ETH Zürich

„Grundbegriffe der europäischen Geistesgeschichte"
herausgegeben von Konrad Paul Liessmann

Konrad Paul Liessmann

Schönheit

facultas.wuv

Konrad Paul Liessmann, Univ.-Prof. Mag. Dr., lehrt am Institut für Philosophie der Universität Wien und ist wissenschaftlicher Leiter des Philosophicum Lech.

Bibliografische Information Der Deutschen Nationalbibliothek
Die Deutsche Nationalbibliothek verzeichnet diese Publikation
in der Deutschen Nationalbibliografie;
detaillierte bibliografische Daten sind im Internet über
http://d-nb.de abrufbar.

1. Auflage 2009

Reihenkonzept und Umschlagentwurf: Alexandra Brand
Umschlagumsetzung: Atelier Reichert Stuttgart
Satz: Ekke Wolf, typic.at
Druck: Druckerei Pustet, Regensburg
Printed in Germany

ISBN 978-3-8252-3048-7

Inhalt

Warum Schönheit?

Schönheit im Profil

Anhang

Warum Schönheit?

Nur ein Versprechen von Glück

„Schönheit" gehört zu den gleichermaßen umstrittenen wie unhintergehbaren Begriffen der europäischen Kultur. Es gibt kaum einen Bereich des Lebens, in dem Schönheit nicht eine zentrale Rolle spielte. Im Alltag stellt Schönheit einen Wert dar, der von der Geburt (dem „schönen" Baby) bis zum Tod (der „schönen" Leich') präsent ist, Schönheit bestimmt in hohem Maße Erotik und Sexualität (der „schöne" Körper, „schöner" Sex), Schönheit grundiert die Ziele und Wunschvorstellungen unserer Lebenspraxis (die „schöne" Wohnung, der „schöne" Urlaub, das „schöne" Haus, ein „schöner" Abend) und Schönheit dominiert als zentrale Norm die Ästhetik der Kleidung und das Design der Gebrauchsgegenstände.

In der Kunst wiederum galt „Schönheit" lange Zeit als das entscheidende Ziel menschlicher Kreativität, sogar als Ausdruck des Göttlichen, als Repräsentanz kosmischer Harmonie und individuellen Glücks. Und noch die Kritik und Destruktion des Schönen durch die Moderne zehrte von dessen Dignität. Die Sehnsucht nach dem Schönen als Ausdruck einer unhintergehbaren Dimension der menschlichen Existenz kennzeichnet die Anstrengungen radikaler Avantgarden auch dann, wenn sie sich demonstrativ zu den nicht mehr schönen Künsten bekennen.

In der Philosophie war Schönheit seit der Antike der Korrespondenzbegriff zum Guten und zur Wahrheit, gehörte also zu jener Trias, die den abendländischen Bildungsbegriff bis in das 19. Jahrhundert bestimmte. Was es mit dem Schönen auf sich habe, ob es Ausdruck einer objektiven Idee oder Reflex einer subjektiven Empfindung sei – darüber tobt der Streit in der philosophischen Ästhetik spätestens seit dem 18. Jahrhundert. Und nicht vergessen werden darf in diesem Zusammenhang die früh gestellte, durch die modernen, umweltverändernden Technologien wieder brisant gewordene Frage nach dem Schönen der Natur. Durch die zeitgenössische psychologische Attraktivitätsforschung und durch die evolutionsbiologische Ästhetik gewinnt der Begriff der Schönheit jedoch auch in den empirischen Wissenschaften nicht nur eine bedeutsame Relevanz, sondern erfährt dadurch auch eine ungeahnte Aktualisierung.

Was aber ist Schönheit? Eine der berühmtesten Definitionen von Schönheit findet sich nur in einer Fußnote. In seinen Reflexionen „Über die Liebe" kommt der französische Schriftsteller Stendhal (d. i. Henri Beyle, 1783–1842) zu dem Schluss, dass für denjenigen, der eine hässliche Frau einer schönen Frau vorzieht, die Hässlichkeit offenbar wohl Schönheit bedeuten muss. Und in einer Anmerkung heißt es dazu: „Die Schönheit ist lediglich Verheißung von Glück" (Stendhal 1975, 76). Im französischen Original lautet der Satz: *La beauté n'est que la promesse du bonheur.* Sprichwörtlich geworden ist dann die Formulierung: Schönheit ist nur ein Versprechen von Glück. Dieser Gedanke setzte sich fest. Vor allem in neueren Arbeiten zur Schönheit wird diese Formel wieder ausgiebig aufgegriffen und zitiert. Der deutsche Literaturwissenschaftler Winfried Menninghaus (geb. 1952) gab seiner großen Abhandlung zu diesem Thema den Titel „Das Versprechen der Schönheit", (Menninghaus 2003) und der amerikanische Philosoph Alexander Nehamas (geb. 1946) wählte für seine luzide Studie über die Bedeutung des Schönen in der Kunst ebenfalls Stendhals Fußnote als Titel: *„Only a Promise of Happiness".* (Nehamas 2007)

Was aber verspricht das Schöne? Bei Stendhal meldet diese Bestimmung wohl einen Vorbehalt an. Schönheit ist *nur* ein Versprechen von Glück, nicht seine Erfüllung. Der Anblick der Schönheit weckt Erwartungen, Begierden und Sehnsüchte, stellt aber nicht selbst dieses Glück dar. Und die Schönheit kann jederzeit von einer Leidenschaft entthront werden. Stendhals Formel aber hat ihre Vorgeschichte. Stendhal selbst war auf diesen Gedanken wohl durch die Lektüre der Schriften des englischen Philosophen Thomas Hobbes (1588–1679) gestoßen. (Doering 2007, 113) In seiner Abhandlung „De homine" („Vom Menschen") hatte Hobbes die Schönheit als das „Anzeichen eines künftigen Gutes" definiert. (Hobbes 1994, 23) Schönheit erfüllt sich nach dieser Bestimmung nicht allein in ihrer Erscheinung, sondern gewinnt ihre tiefere Bedeutung dadurch, dass sie auf etwas anderes, Zukünftiges verweist. Schönheit lässt uns ahnen, dass es mehr in der Welt gibt als das Nützliche und das Unnütze, als unmittelbare Lust und unmittelbares Leid. Frei von diesen Empfindungen ist aber auch die Erfahrung des Schönen nicht. Als Glücksversprechen verheißt Schönheit durchaus lustvolle Befriedigung, als bloßes Versprechen aber, das sich nicht selbst einlösen kann, schwingen Vergeblichkeit, Enttäuschung bis hin zur

Zerstörung und Selbstzerstörung in diesem Versprechen immer schon mit. Schönheit ist auch ein Risiko. Die Geschichte der Auseinandersetzung mit dem Schönen ist deshalb auch keine glatte Erzählung. Sie beginnt in der griechischen Antike, die der Schönheit huldigte wie vielleicht keine Kultur vor und nach ihr und die vielleicht gerade deshalb in Mythen, Dichtungen und philosophischen Reflexionen das abgründige Versprechen des Schönen auslotete. Fast alle Fragen, die den Diskurs des Schönen durch mehr als zwei Jahrtausende hindurch bestimmen werden, sind hier schon präformiert.

Die Frage nach der Schönheit hat viele Facetten. Einige davon sind uns aus dem Alltag gut bekannt, sie drängen sich wie von selbst auf. Ist Schönheit Ausdruck eines subjektiven Empfindens oder gibt es objektive Kriterien für das Schöne? Welche Rolle spielt Schönheit in der Kunst? Muss Kunst schön oder darf sie es gar nicht mehr sein? Wann wird Schönheit zum Kitsch? Und stimmt es, dass es schöne Menschen in vielen Bereichen des Lebens leichter haben? Die letzte Frage, im Zuge der modernen psychologisch orientierten Attraktivitätsforschung gerne gestellt, führt in höchst aktuelle Debatten. Denn gegenwärtig erscheint das Glücksversprechen der Schönheit vor allem zur Ansicht zu führen, dass man dieses Glück erzwingen muss. Schönheit, lange misstrauisch beäugt, ist nun fast zu einer Pflicht geworden. In allen Medien werden schöne Menschen mit Vorbildwirkung präsentiert, Glück, Liebe und Erfolg scheinen fast nur noch davon abzuhängen, ob man das richtige Aussehen, die richtige Figur, das richtige Lächeln hat, und wo die Kosmetik nicht ausreicht, um die unzulängliche Natur zu korrigieren, müssen Chemie, Chirurgie und bald wohl auch Gentechnik nachhelfen. Kaum ein Nachmittag, an dem nicht in irgendeiner Talkshow über Schönheitsoperationen und die damit verbundenen Erwartungen diskutiert wird.

Man kann über den Schönheitswahn unserer Gegenwart lächeln oder bestürzt sein, man kann aber auch darüber nachdenken, ob sich in diesem Schönheitswahn nicht jener Gedanke, wenn auch in vielleicht verzerrter Form, artikuliert, der das Versprechen der Schönheit seit der Antike grundiert: dass Schönheit in einem engen Zusammenhang mit sittlich-moralischen Qualitäten steht. Schönheit ist nicht nur das Anzeichen eines künftigen Gutes, Schönheit ist auch ein, vielleicht das Zeichen für das Gute schlechthin. Oder anders formuliert: Wir erwarten vom Schönen nahezu reflexartig auch das Gute. Im Glücksversprechen der Schönheit ist auch dies enthalten: dass das Schöne auch das Bessere sein möge. Die Bedeutung, die wir dem Schönen in unserem Leben einräumen, ist so nicht nur auf das Äußerliche beschränkt; es ist damit fast immer die vielleicht verschwiegene und nicht immer bewusste Hoffnung verbunden, dass das Schöne tatsächlich das Glück im Sinne eines gelingenden Lebens bedeuten könnte.

An anderen Orten ist das Schöne allerdings sehr wohl in Verruf geraten, vor allem in der Kunst. Dass das Schöne nicht nur mit dem Guten, sondern auch mit dem Wahren eine Einheit bilden könnte, wie es die klassische Metaphysik behauptete, ist spätestens seit Anbruch der Moderne gründlich bezweifelt worden. Ganz im Gegenteil: Das Schöne steht seit dem späten 18. Jahrhundert zunehmend im Verdacht, nur eine falsche Harmonie, eine verlogene Ästhetik, eine doppelte Moral, eben nur einen schönen Schein über unmenschliche und ungerechte Verhältnisse zu legen. Seit den großen kulturkritischen Strömungen der Moderne steht das Schöne unter Ideologieverdacht, wird das Versprechen der Schönheit als Ablenkung von den realen sozialen Problemen und Widersprüchen denunziert. Eine Kunst, die wahr sein will, kann in einer hässlichen Welt nicht schön sein. Dieser Vorbehalt gegen das Schöne in der Kunst galt spätestens seit dem Naturalismus fast uneingeschränkt, und es erregte auch einiges Aufsehen, als sich einige Künstler gegen Ende des 20. Jahrhunderts wieder programmatisch dem Schönen zuwandten. Seit allerdings der gesellschaftskritische Impuls der modernen Kunst erlahmt ist, kann auch im Kino und im Theater, auf Bildern und in der Musik, in der Literatur und im Tanz unverblümt wieder das Schöne gefordert und geboten werden. Und auch in der Nobilitierung des Kitsches durch die Kunst der Gegenwart wird das Schöne auf eine ironische Weise rehabilitiert.

Vor einem aber ist zu warnen: Das Schöne ist nie nur das Gefällige, das Adrette, das Attraktive, das Hübsche, das Reizvolle oder das ästhetisch Ansprechende. All das kann das Schöne auch sein. Aber Schönheit geht über einen einfachen Reiz der Sinne immer hinaus. Wenn wir ein Bild, eine Landschaft, einen Menschen, eine Situation, eine Stadt, ein Gespräch, einen Text oder eine Begegnung „schön" nennen, dann wollen wir damit eine Gesamtheit beschreiben, nie nur einen Aspekt. Ein schönes Gespräch besteht nicht nur aus ein paar gelungenen Pointen, sondern mit dieser Bezeichnung soll eine komplexe Situation charakterisiert werden. Wenn wir im Alltag, in der Kunst oder in der Natur etwas „schön" nennen, meinen wir in der Regel, dass etwas in besonderer Weise geglückt, in sich stimmig, als Gesamtheit gelungen ist. Schön, so der Wiener Philosoph Günther Pöltner (geb. 1947), nennen wir eine Sache dann, wenn sie „ihre ureigenste Möglichkeit erreicht und sich uns als kostbar präsentiert". (Pöltner 2008, 233) Gerade weil im Leben und in der Wirklichkeit dieses Gelingen so selten ist, sind die Momente des Schönen fast immer auch von einer leichten Melancholie begleitet.

Die Beschäftigung mit der Idee der Schönheit lohnt also. Einige wesentliche Aspekte dieses Begriffs, die sich im Laufe seiner mehr als zweitausendjährigen Geschichte herausgebildet haben, sollen im Folgenden skizziert werden. Natürlich: Eine endgültige Definition werden auch wir nicht finden, aber dies ist auch gar nicht das Ziel. Wohl aber soll ein Einblick gewonnen werden in die unterschiedlichen philosophischen, ästhetischen und auch kosmetischen Konzepte der Schönheit, die für das Denken, die Kunst und das Leben der Menschen von eminenter Bedeutung waren und sind.

Schönheit im Profil

1

Die „Große Theorie"

In der Geschichte des europäischen Denkens nimmt die Frage nach dem Schönen und die Auseinandersetzung mit dem Begriff der Schönheit eine zentrale Rolle ein. Die moderne Ansicht, dass Schönheit Ausdruck eines subjektiven Geschmacks sei, stand dabei allerdings nicht im Vordergrund, eher im Gegenteil. Nach Auffassung des polnischen Ästhetikers Władysław Tatarkiewicz galt von der Antike bis zur Renaissance die von ihm so genannte „Große Theorie" des Schönen, die versuchte, die objektiven Kriterien zu bestimmen, die das Schöne konstituieren. Als diese galten Proportionalität, Harmonie und Symmetrie, gleichzeitig aber stand das Schöne in enger Verbindung zum Wahren und zum moralisch Guten. Im Folgenden wird die Geschichte dieser „Großen Theorie" skizziert. Sie beginnt mit dem Disput über ein schönes Mädchen im antiken Athen, setzt sich fort in mittelalterlichen Debatten über die Schönheit Gottes und endet beim letzten Versuch in der frühen Neuzeit, die Schönheit als Übereinstimmung von Mensch und Welt, Geist und Kosmos zu deuten.

Ein schönes Mädchen

So wie die europäische Dichtung beginnt auch der philosophische Diskurs über die Schönheit mit dem Streit über ein schönes Mädchen. Allerdings ist es hier nicht die schöne Helena, die zum Anlass für jenen zehnjährigen Krieg wird, der in Homers „Ilias" besungen wird, sondern ein namenloses Mädchen, das den Anstoß für die erste systematische Erörterung des Schönen liefert. Im Dialog „Der größere Hippias" (Hippias Major) berichtet Platon (428–348 v. Chr.) von einem Gespräch zwischen Sokrates und dem überheblichen und selbstgefälligen Sophisten

Hippias. Sokrates bittet – etwas scheinheilig – Hippias um Hilfe, da es ihm unmöglich sei, die Frage eines Bekannten zufriedenstellend zu beantworten. Dieser nämlich, dem einmal dieses, dann wieder jenes gefalle, möchte endlich wissen, was denn das Schöne eigentlich sei. Hippias, arrogant wie immer, geniert sich fast, so etwas Einfaches gefragt zu werden, und er versichert großmütig, dass seine Antwort unwiderleglich sein werde. Nun denn, drängt Sokrates, dann sage doch endlich, was das Schöne ist. Und Hippias antwortet, ohne zu zögern: „Ein schönes Mädchen ist eine wirkliche Schönheit." (Der größere Hippias, 287e; III, 64)

Natürlich ist Hippias mit dieser Antwort in eine Falle getappt, aus der er im Laufe des Gesprächs nicht mehr herausfinden wird. Denn Sokrates hatte nicht danach gefragt, wen oder was wir als schön bezeichnen würden, sondern nach jener Idee der Schönheit, die all unseren einzelnen ästhetischen Urteilen über diesen oder jenen Gegenstand zugrunde liegen muss. Was ist es, so ließe sich diese Frage umschreiben, das einen Gegenstand, den wir schön nennen, tatsächlich schön sein lässt? Sokrates, der Hippias heimtückisch lobt, fragt dann auch sofort weiter, ob denn nicht auch eine schöne Stute, eine schöne Leier oder eine schöne Kanne „schön" genannt werden müssen? Hippias, in die Enge getrieben, bejaht, grenzt aber ein: Eine Kanne, verglichen mit ihresgleichen, mag schön genannt werden, aber nicht im Vergleich mit einem schönen Mädchen. Für Hippias gibt es also eine Rangordnung der Dinge, die nicht alle gleichermaßen Anteil am Schönen haben können. Sokrates kontert mit dem Hinweis, dass im Vergleich zu vollkommen schönen Göttinnen dann auch das schöne Mädchen hässlich genannt werden müsste.

Alle weiteren Versuche von Hippias, das Schöne zu bestimmen, scheitern auf ähnliche Weise. Für jeden neuen Ansatz hat Sokrates ein passendes Gegenbeispiel zur Hand. Dass das Schöne seine Wurzel im Glanz des Goldes habe, mag auf vieles zutreffen – aber es gibt auch schöne Statuen aus Marmor, und ein goldener Quirl wirkt angesichts des Hirsebreis, den er umrühren soll, nicht schön, sondern unschicklich. Schönheit hat auch mit der Übereinstimmung von Material, Gestalt und Funktion zu tun. Aber auch die Generalisierung dieses Arguments, dass das Schöne das Brauchbare sei, will nicht gelingen, ebenso wenig wie die Bestimmung des Angenehmen als Wurzel des Schönen. Hippias und Sokrates bleiben gleichermaßen ratlos zurück, mehr, als dass das Schöne schwer zu begreifen sei, war nicht herauszufinden. (Der größere Hippias, 304d–e; III, 95f.)

Die Bedeutung dieses Dialoges für die europäische „Metaphysik des Schönen" ergibt sich weniger aus dieser Ergebnislosigkeit, als vielmehr aus der Tatsache, dass hier zum ersten Mal in einem explizit philosophischen Sinn nach dem Schönen gefragt wird. Schönheit ist keine Eigenschaft von Dingen und Menschen, aber auch keine Frage eines beliebigen subjektiven Gefallens, sondern dass etwas schön genannt werden kann, muss damit zu tun haben, dass es in bestimmter Weise an einer Schönheit teilhat, deren Wesen erst ergründet werden muss. Interessant ist, dass alle Versuche, die Hippias und Sokrates unternehmen, um das Schöne zu bestimmen, in der Geschichte des Schönheitsdiskurses in mannigfachen Varianten immer wieder auftauchen werden. Das Schöne an bestimmte Empfindungen wie das Gefühl des Angenehmen oder Lustvollen zu binden, wird ebenso dazugehören wie die Vorstellung, dass das Schöne etwas mit der Beschaffenheit, dem Material der Dinge und seinem spezifischen Scheinen oder mit ihrer Brauchbarkeit und Funktionalität zu tun habe. Zur Ehrenrettung von Hippias muss betont werden, dass gerade seine erste, offenbar ziemlich dumme Antwort auf die Frage nach dem Schönen die Debatten über das Schöne bis heute begleitet. Und dies nicht nur in der trivialen Fassung, dass das weibliche Geschlecht sehr lange – und vielleicht bis heute – als das paradigmatisch „schöne" Geschlecht galt, sondern auch in der ambitionierteren Variante, dass die Schönheit des Menschen Urquell und Maßstab alles Schönen sei.

Das Schöne, das Gute und das Wahre

Platon, der im „Hippias Major" noch zu keiner Bestimmung des Schönen finden wollte, hat dies an anderen Stellen sehr wohl getan. Wie in der altgriechischen Kultur überhaupt, ist auch für Platon das Schöne nicht isoliert zu betrachten, sondern nur im Zusammenhang mit dem Guten, dem moralisch Vortrefflichen, und der Wahrheit, die sowohl die persönliche Wahrhaftigkeit als auch die Erkenntnis des Wahren umfassen kann. Im Dialog „Philebos" wird die Frage nach dem Wesen des Guten zum Beispiel dahingehend beantwortet, dass das Gute nur in Verbindung mit der Schönheit, dem „Ebenmaß", und der Wahrheit bestimmt werden kann. (Philebos, 65a; IV, 127) Das klassische Ideal der *Kalokagathia*, der Einheit des Schönen, das auch das Gute ist, mit dem Wahren, hat hierin eine seiner philosophischen Wurzeln. (Büttner

2006, 43) Die Vorstellung, dass das Schöne, wo immer es in Erscheinung tritt und wahrgenommen werden kann, auch Anzeichen eines moralisch Guten oder zumindest Nützlichen ist, ist seitdem mindestens so intensiv diskutiert worden wie die Frage, ob das Schöne letztlich nicht die Wahrheit in ihrer sinnlichen Erscheinung ist. Dem Bösen, Falschen und Verlogenen Schönheit zu attestieren, fällt bis heute schwer. Vor allem in der Alltags- und Medienästhetik behauptet sich diese Konzeption der *Kalokagathia*, bis hin zum Klischee, das den Personifikationen des Bösen auch die Attribute des Hässlichen verleiht und dem Schönen mehr moralische Kompetenzen zutraut als dem weniger Attraktiven.

Eine entscheidende und höchst folgenreiche Nuancierung einer philosophischen Konzeption des Schönen hat Platon dann in seinem berühmten „Symposion" vorgenommen. Bei dem legendären Trinkgelage versammeln sich Freunde des Sokrates, um Lobreden auf den Gott Eros anzustimmen. Während die meisten Redner die Vorzüge der sinnlichen und geistig-seelischen Liebe preisen, eröffnet der zu spät kommende Sokrates eine neue Perspektive, indem er von jener Lehre erzählt, die ihm in jungen Jahren eine Priesterin, Diotima, zuteil werden ließ, und deren erste Einsicht lautet: Eros hat etwas damit zu tun, dass man das Schöne begehrt. Oder dass man jene Körper begehrt, die man als schön empfindet. In einem zweiten Schritt erkennt dann Sokrates, dass Schönheit nicht nur eine sinnliche Qualität der Körpers ist, sondern es auch eine schöne Seele gibt, eine innere, eine geistige Qualität. Eros, so Diotima mit einer berühmten Formulierung, ist „die Zeugung im Schönen, dem Körper wie der Seele nach". (Gastmahl, 206e; III, 52) In einem dritten Schritt zeigt die Priesterin, dass diese innere Qualität eine ganz andere Dimension des Eros eröffnet als die rein sinnliche Ebene, nämlich das Wesen der Schönheit, die Idee der Schönheit, das „Urschöne" selbst. Ausgehend von der sinnlichen Liebe – bei Platon: Knabenliebe – wird der Liebende das Schöne zuerst in einem Körper, dann in mehreren Körpern, dann in unterschiedlichen Lebensformen, dann in verschiedenen Wissensgebieten und schließlich im Erkenntnisstreben finden, das sich letztlich der unanschaulichen, geistigen Idee des Schönen selbst widmet, die er in ihrer Reinheit erkennen will. (Gastmahl, 210a–211c; III, 59f.)

Nachdem Sokrates dieses Gespräch mit Diotima geschildert hat, wollen ihn alle, mit Ausnahme des Aristophanes, belobigen, wozu es allerdings nicht kommt, weil der volltrunkene Alkibiades (450–404 v. Chr.), gestützt von einer Flötenspielerin, randalierend ins Gastmahl einbricht. Der außergewöhnlich schöne, leidenschaftliche junge Mann, der später noch einer der großen Politiker und Schurken Athens werden sollte, wird aufgefordert, eine Lobrede auf Sokrates zu halten. Betrunken wie er ist, verkündet er, er werde nur die Wahrheit sprechen. Diese besteht darin, dass er Sokrates zuerst einmal als abgrundtief hässlichen Menschen beschreibt, ihn mit dem Satyr Marsyas vergleicht; dann erzählt er, wie er sich gleichwohl in Sokrates verliebte und versuchte, den alten Mann zu verführen; und er berichtet, wie Sokrates seinen Avancen standgehalten und ihm dadurch klargemacht hat, dass es der Geist, die Reden des Sokrates sind, die göttlich sind und um derentwillen es sich lohnt, ihn zu lieben. Durch diese abschließende Episode wird Diotimas Theorie des Eros bestätigt und gleichzeitig Sokrates, und damit aber der platonischen Philosophie, ein Denkmal gesetzt. Denn der wahrhaft Schöne im „Symposion" ist nicht der schöne, junge Alkibiades, sondern der hässliche Sokrates, der „Eros ohne Flügel, dessen Seele zu fliegen gelernt hat". (Rehn 1996, 95)

Die „Große Theorie": Maß, Proportion und Harmonie

Auch wenn Platon die Erkenntnis der Idee des Schönen in letzter Konsequenz einem geistigen Akt überantwortete, der eine verbindliche Konkretisierung nicht mehr zuließ, gibt es einige Hinweise, die zeigen, dass Platon – wie auch seine Zeitgenossen – durchaus handhabbare Kriterien des Schönen kannte. Im Dialog „Timaios" etwa heißt es: „Alles Gute nun ist schön, und was schön ist, entbehrt nicht des richtigen Maßes. Demnach darf auch ein lebendes Wesen, wenn man ihm Schönheit zusprechen soll, des Ebenmaßes nicht entbehren." (Timaios, 87c; VI, 134) Das Ebenmaß – das ist die richtige Proportion, das richtige Maßverhältnis der Teile zu einem Ganzen und untereinander, und zwar in Hinblick auf Größe, Quantität und Qualität. An anderen Stellen hat Platon die Idee des rechten Maßes noch mit dem Konzept der Verhältnismäßigkeit (*symmetria*) verknüpft. Erst aus den richtigen Proportionen und ihrer Verhältnismäßigkeit ergibt sich jene „Einheit in der Mannigfaltigkeit", (Büttner 2006, 43) die zu einem Leitbegriff der antiken Vorstellung vom Schönen geworden ist: die Harmonie. Damit sind aber auch die Grundzüge einer Konzeption des Schönen festgehalten, die der polnische Philosoph und Ästhetiker Władysław Tatarkiewicz (1886–1980) als die „Große Theorie" des Schönen bezeichnet hat, die im Wesentlichen bis in die Renaissance ihre Gültigkeit behalten wird. (Tatarkiewicz 2003, 176)

Schön ist demnach dasjenige, dessen Teile in harmonischen Proportionen zueinander und zum Ganzen stehen. Wie immer man dies auch in Zahlen- und Maßverhältnissen auszudrücken versuchte, welche Umschreibungen und Begriffe man dafür gefunden hat – damit war Schönheit als etwas Objektives gefasst, das nicht dem subjektiven Belieben überlassen bleibt. Im Gegenteil: Der Eindruck des Schönen stellt sich zwangsläufig dort ein, wo diese Gesetze der Proportion angemessen berücksichtigt werden und damit etwas harmonisch zum Ausdruck gebracht wird.

Was aber bedeutet diese Harmonie nun genau? Der Begriff der Harmonie verweist selbst auf eine für das antike Denken zentrale mythisch-literarische Referenzstelle. Homer berichtet davon, dass Odysseus, der listige Held, bei den Phäaken, jenem friedlichen Volke, dem die Götter jeden Unbill ersparten, mit Gesängen verwöhnt wurde. Eines dieser Lieder handelt von der verbotenen Leidenschaft zwischen Ares, dem Gott des Krieges, und Aphrodite, der Göttin der Liebe und Ehefrau des hinkenden Gottes der Schmiedekunst, Hephaistos. Ihre lasterhafte Tat wird allerdings beobachtet: von Helios, der Sonne. Helios verrät die Liebenden an den betrogenen Hephaistos. Und der lahme Schmied beschließt, sich zu rächen: Er schmiedet nahezu unsichtbare, aber unauflösliche Ketten, mit der er Aphrodites Bett drapiert, die sich während des ehebrecherischen Liebesaktes auch sofort mit Ares darin verfängt. Hephaistos, von Helios benachrichtigt, eilt an die Stätte des Lasters und ruft alle Götter zusammen, diese Schande zu sehen, die beim Anblick des gedemütigten Paares sofort in ein „homerisches" Gelächter ausbrechen. Das Ende dieser Geschichte scheint glimpflich: Poseidon bittet für Ares, und Hephaistos löst die Fesseln. (Homer, Odyssee, 8. Gesang) Der Krüppel aber wird in seinem Herzen einen ewigen Groll hegen, einen Groll, der sich übertragen wird auf jenes Kind, das diesem Ehebruch entsprang. Es war ein Mädchen und sein Name war: *Harmonía*.

Die Harmonie, so ließe sich der Mythos deuten, ist ein Kind der Schande, des Betrugs, des Verrats, der Häme und nicht zuletzt: der Gewalt. Harmonie und Gewalt gehören zusammen, von allem Anfang an. *Harmonía*, „die Vereinigende", ist selbst Resultat einer Vereinigung des Gegensätzlichsten, der Vereinigung von Schönheit (Aphrodite) und Krieg (Ares), aber sie ist Resultat einer schändlichen Vereinigung. Und diese Schande wird sie auch weiterhin begleiten. Harmonie, so lehrt uns der antike Mythos, ist der nur durch Gewalt herstellbare Gleichklang des Verschiedenen. Es ist nicht die Assonanz oder Addition des ohnehin Gleichen, es ist der Zusammenklang des Differenten. Harmonie zu erzeugen heißt, das, was auseinanderstrebt, zu einem stimmigen Ganzen zusammenzufügen. Darin liegt die Schönheit. Allerdings: Auch und gerade im Streben nach wahrer Harmonie lauert das Gewaltsame, in einem weit über das Ästhetische hinausgehenden Sinn. Denn die Harmonie „duldet keinen Unterschied, der seine Wahrheit nicht als Element der Verbindung manifestiert". (Cacciari 1995, 143) Das Einzelne wird so nur unter der Perspektive seines Beitrags zum Harmonisch-Ganzen gesehen, die Schönheit der Harmonie ist immer brüchig und bedroht.

Im Mythos ist jener Gedanke formuliert, der den Begriff der Harmonie bis heute grundiert. Schon in den Texten der Pythagoreer heißt es, dass das einander Gleiche und das miteinander Verwandte der Harmonie nicht bedürfen, wohl aber muss durch die Harmonie das „Ungleiche und Unverwandte" zusammengeschlossen werden, um es mit der Ordnung des Kosmos in Einklang zu bringen. (Rüegg 1986, 176) Dennoch ist in der philosophischen-ästhetischen Ausformung der Harmonie die Gewalt, die der Mythos noch aussprach, gebändigt. Seit Pythagoras (570–510 v. Chr.) gilt die Harmonie auch und in erster Linie als Ausdruck eines idealen Verhältnisses von in Zahlen darstellbaren Proportionen, sei es in der Musik, sei es in der Malerei oder Architektur, sei es in der Mathematik und Geometrie. Die harmonischen Zahlenverhältnisse wie bestimmte Intervalle oder der allerdings erst seit dem 19. Jahrhundert so genannte „goldene Schnitt" sollten einerseits Garant für den Zusammenklang des Differenten sein, andererseits aber Ausdruck und Abbild der kosmischen Ordnung im Einzelnen und in der Gemeinschaft. (Kessler 2007, 133ff.)

Im Dialog „Timaios" lässt Platon einen *Demiurgen*, einen Weltenkonstrukteur, das Universum streng nach harmonischen Zahlenverhältnissen errichten, um die Vollkommenheit und Vernünftigkeit desselben plausibel zu machen, wobei die vier Grundelemente, aus denen alles besteht – Feuer, Erde, Luft und Wasser – in genaue zahlenmäßige Entsprechungen zueinander gebracht werden. In der gleichen Weise werden dann die Elemente, aus denen der Mensch besteht – Seele, Vernunft, Körper – zueinander und zur Welt in ein entsprechendes Verhältnis gebracht. Es ist diese Proportionalität, die dafür sorgt, dass sich alles harmonisch fügt und der Einzelne im Ganzen und das Ganze im

Einzelnen sich wiederfindet und eine symmetrische Ordnung bildet. (Timaios, 31b–32a; VI, 48f.) Die auf Proportionalität und Harmonie gegründete Schönheit wird so für den Menschen nicht nur zum Beweis für die Vollkommenheit des Kosmos, sondern auch zur „Manifestation der eigenen Vollkommenheit". (Kessler 2007, 141)

In einer spätantiken Deutung der Harmonielehre wird dem Menschen ebenfalls eine tragende Rolle zuerkannt, aber in einer anderen Weise. In seinem Werk „De Musica" (Über die Musik) schreibt der spätrömische christliche Philosoph Boëthius (ca. 480–525), dessen „Trost der Philosophie" bis heute gerne gelesen wird, dass wir die Welt durch unsere Empfindungen nicht in einer geordneten, sondern in einer verworrenen Weise wahrnehmen. Erst die Vernunft kann, als notwendige Ergänzung zu unseren Empfindungen, die Einheit und Ordnung in der Fülle der Verschiedenheiten erkennen: „Empfindung und Vernunft können in gewisser Weise als Instrumente des harmonischen Vermögens angesprochen werden." (In: Assunto 1982, 166) Die Erkenntnis des Schönen erscheint so als eine Leistung der Vernunft, sie ist es, die den komplexen Zusammenhang proportional-harmonischer Symmetrien erkennt und nur sie kann diese in ihrer Vollständigkeit begreifen. Boëthius macht hier schon sehr früh auf einen Aspekt aufmerksam, der in späteren ästhetischen Diskussionen eine bedeutende Rolle spielen wird: Die angemessene Wahrnehmung des Schönen ist ein Akt der Erkenntnis, und daran sind nicht nur die Sinne, sondern entscheidend die Vernunft beteiligt. Die Logik der Proportionen entspricht der Struktur der menschlichen Vernunft, weshalb diese, nicht die Sinne, zum eigentlichen Organ der Erkenntnis des Schönen werden muss.

Ebenmaß und Glanz

Die vielleicht wesentlichste Korrektur und Ergänzung erfuhr die antike Proportionenlehre des Schönen, die „Große Theorie", aber durch den spätantiken griechischen Philosophen Plotin (205–270). Der Neuplatoniker kritisierte am Konzept der Verhältnismäßigkeit, dass es zwar eine Schönheit des Ganzen erlaube, dies aber auch bedeuten würde, dass die Teile, aus denen sich das Ganze harmonisch zusammensetzt, selbst hässlich sein könnten, was Plotin entschieden ablehnte. Ebenso könne diese Konzeption nicht erklären, inwiefern auch ein Nichtzusammengesetztes, ein Einzelnes schön sein könne – das Licht etwa, eine Farbe, das Funkeln des Goldes, der Blitz in der Nacht. (Enneaden I 6,1) Und vor allem gebe es ja auch Symmetrien, die nicht unbedingt als schön empfunden werden. Plotin sah deshalb den entscheidenden Grund des Schönen nicht in der Symmetrie, auch nicht in den richtigen Proportionen, sondern in dem, was an einem Gegenstand hervorleuchtet: der Glanz, das Strahlen, seine Erscheinung, seine Form. Nur Geformtes erstrahlt und erscheint als schön, das Ungeformte, sich der Form Widersetzende erscheint als das Hässliche. (Pöltner 2008, 41ff.)

Die Form wiederum kann als ein Prinzip des Geistes begriffen werden, als Ausdruck einer Idee, der die Materie unterworfen wird, die sie gestaltet und zum Leuchten bringt. In der sinnlichen Wahrnehmung des Schönen werden nicht nur die Sinne affiziert, sondern wird der Geist angesprochen. Er ist es, der den Dingen jenen Glanz verleiht, und er ist es, der uns diesen Glanz als schön erfahren lässt. Zwischen Objekt und Betrachter muss es nach Plotin eine Korrespondenz geben: „Nie hätte das Auge jemals die Sonne gesehen, wenn es nicht selber sonnenhaft wäre; so kann auch eine Seele das Schöne nicht sehen, wenn sie nicht selbst schön ist." (Enneaden I 6, 9) Noch der alternde Johann Wolfgang von Goethe (1749–1832) wird diesem Gedanken einiges abgewinnen können: „Wär nicht das Auge sonnenhaft, / die Sonne könnt es nie erblicken. / Läg nicht in uns des Gottes eigne Kraft, / Wie könnt uns Göttliches entzücken?" (Goethe, HA 1, 367) Eine schöne Seele aber ist jene, die sich selbst von allen Widrigkeiten des Unreinen, Ungeformten, von Trieben und Begierden gereinigt hat und Quelle jenes inneren Lichts geworden ist, das auch den Menschen in seiner Schönheit erstrahlen lässt. Auch bei Plotin entspricht das Schöne so letztlich dem Guten, der von Platon vorgezeichnete Aufstieg von den sinnlich wahrnehmbaren Formen zur Idee des Schönen an sich, die in Einheit mit der Idee des Guten gedacht wird, gilt auch für Plotin.

In einer bemerkenswerten Reflexion assoziiert Plotin allerdings die Schönheit der Seele noch mit einer anderen Dimension des Seins: der Lebendigkeit. Warum, so fragt er, ist einem lebendigen Angesicht der Glanz des Schönen eher eigen als einem toten, auch dann, wenn jenes noch alle äußeren Merkmale der Schönheit besitzen mag? Und warum, so Plotin weiter, sind lebensvollere Statuen schöner als solche, die der Lebendigkeit entbehren, auch dann, wenn diese symmetrischer gebaut sein mögen? Und warum, so eine weitere, durchaus gewagte Frage, erscheint sogar das vermeintlich hässliche Lebendige schöner als das

Schöne an einem leblosen Marmorbild? Plotins Antwort ist klar: weil das Lebendige erstrebenswerter ist und es ist erstrebenswerter, weil es eine Seele hat; und diese wiederum ist vom „Licht des Guten" gefärbt und kann so den Glanz des Schönen auch dort erscheinen lassen, wo nach der reinen Proportionen- und Symmetrielehre das Ebenmaß fehlt. (Enneaden VI 7, 22)

Wenn auch im Kontext seiner neuplatonischen Metaphysik hat Plotin das Schöne dadurch gewissermaßen dynamisiert. Wohl darf die dieser Dynamisierung zugrundeliegende Konzeption des Lebens nicht in einem biologischen, gar triebdynamischen Sinne missverstanden werden. Aber es ist doch die innere Bewegtheit der Seele, es ist das Gute als Ausdruck einer sittlichen Aktivität, die auch die Erscheinung des Schönen, seinen Glanz, sein Strahlen hervorbringt. Einflüsse dieser Konzeption des Schönen werden sich noch bei jener Idee der „schönen Seele" finden, wie sie im 18. Jahrhundert von Christoph Martin Wieland (1733–1813), Johann Wolfgang von Goethe und Friedrich Schiller (1759–1805) formuliert werden wird.

Aber auch für die Konzeptionen des Schönen, wie sie im Kontext der christlichen Philosophie und Theologie des Mittelalters diskutiert wurden, spielte Plotin eine bedeutsame Rolle. Der Begriff des Schönen wurde im Mittelalter in zweifacher Weise bestimmt. Auf Aurelius Augustinus (354–430) geht eine Tradition zurück, die ähnlich der Antike in der Wahl der richtigen Proportionen, in der Symmetrie und Übereinstimmung der Teile mit dem Ganzen die entscheidenden Kriterien des Schönen erblicken wollte. Augustinus orientiert sich dabei an der Bestimmung des Schönen, wie sie Marcus Tullius Cicero (106–43 v. Chr.) in seiner Adaption der klassischen Schönheitslehre gegeben hatte, nach der die Schönheit in der Übereinstimmung der Teile, gepaart mit einer gewissen Anmut der Farben liege, wobei es zentral um die Einheit des Verschiedenen geht. (Pöltner 2008, 51f.) Letztlich drückt sich in diesen Prinzipien für Augustinus die Wohlgeordnetheit der Schöpfung aus, die den Menschen in Staunen versetzt. In der Schönheit der Welt offenbart sich die Schöpfung, das Schöne kann in diesem Kontext als „Selbstdarstellungen des Seienden" (Pöltner 2008, 56) interpretiert werden.

Die zweite Deutung des Schönen, die eher an Plotins Metaphysik des Schönen erinnert, geht auf Pseudo-Dionysius Areopagita (um 500) zurück, der den Lichtcharakter des Schönen, und im Schönen dann den Glanz des Guten besonders betonte. (Pöltner 2008, 56) Das Schöne und das Gute bilden eine Einheit, die vor allem durch das Licht und die damit verbundenen Metaphern ausgedrückt wird. Für Pseudo-Diony-sius Areopagita wird auch Gott zu einer Lichtgestalt, ja zu einer Licht-fontäne, die alles überstrahlt. (Eco 1991, 72) Dies erinnert durchaus an die alte Apotheose der Sonne als Gottheit, aber auch an das plato-nische Denken, das die Sonne zum Symbol der Idee des Guten stili-sierte. Nicht vergessen werden darf, dass auch das arabisch-islamische Denken in seiner pantheistischen Variante im Licht und in lichtumflu-teten Wesenheiten höchste Ekstasen der Schönheit erblicken konnte, was auf das spätmittelalterliche Denken nicht ohne Einfluss geblieben war. (Eco 1991, 72) Man kann in dieser Tradition geradezu von mittel-alterlichen „Ästhetiken des Lichts" sprechen, (Eco 1991, 67) ohne die die Konzeption der gotischen Kathedralen ebenso wenig denkbar ist wie die damit verbundene große Bedeutung der sakralen Glasmalerei. Bis heute zehrt jede Lichtästhetik, wie technologisch avanciert sie auch sein mag, von diesem Gedanken.

Ein interessanter Versuch, diese beiden Konzeptionen zu verein-heitlichen, stammt vom englischen Theologen Robert Grosseteste (1170–1253). Einerseits hält der Bischof von Lincoln an der Definition der Schönheit als „Einklang und Proportion eines Dinges in sich selbst und Harmonie aller seiner einzelnen Teile" fest, (In: Eco 1991, 74) an-dererseits schreibt er später in seinem Hauptwerk, dem „Hexaëmeron", einer Abhandlung über die sechs Tage der Schöpfung: „Das Licht ist aus sich heraus schön, weil seine Natur einfach ist." Das Licht ist ein-heitlich und steht deshalb in einem Verhältnis „von größtem Gleich-klang" zu sich selbst. Genau in dieser Einheit, in diesem Gleichklang liegt aber seine Schönheit, weshalb das Licht auch ohne das Verhältnis körperlicher Gestalten „in sich selbst schön und erfreulich anzusehen ist". (In: Assunto 1982, 222) Damit hat Grosseteste nicht nur die Ästhe-tik der Proportionen mit der Ästhetik des Lichts zusammengeführt, sondern auch eine ontologische Konzeption des Schönen formuliert, die sich am Phänomen des Lichts orientiert. Es entsteht das emanatisti-sche Bild einer Welt, die aus einem Strom, einem Ausfluss (Emanation) von Lichtenergie entstand und darin den Grund ihrer Schönheit hat. (Eco 1991, 75)

Das Mittelalter ergänzte die antiken Konzepte also zuerst durch die Plotin'sche Formel vom „Ebenmaß und Glanz" als die Bestimmungs-stücke des Schönen – ein Aspekt, der bis in die Renaissance-Ästhetik gültig blieb –, und dann durch die von Tatarkiewicz so genannte „metaphysische Konzeption der vollkommenen Schönheit", die den Glanz des Schönen auf den Schöpfergott selbst zurückführte. (Tatarkiewicz 2003, 186) Einerseits hielt also das Mittelalter an der antiken Vorstellung fest, dass Schönheit die „Anschaubarkeit" des Wahren und des Guten sei, (Assunto 1982, 70) andererseits wurde diese Konzeption durch eine christologische Komponente erweitert und zum Teil auch konterkariert: Glanz und Ausstrahlung des Schönen haben eine Leuchtkraft, die sich strenger Rationalität entzieht und als deren letzter Urheber Gott gedacht werden muss. Damit wird Gott aber auch zur letzten Ursache und zum letzten Bestimmungsgrund des Schönen.

Das Schöne in der Renaissance

Aus antiken und christlichen Quellen speiste sich auch das Denken der Renaissance über das Schöne, das die Gültigkeit der „Großen Theorie" ein letztes Mal bestätigte. Die Akzente wurden aber in dieser kunstsinnigen, lebensfreudigen und schöpferischen Epoche noch einmal anders gesetzt. Schönheit galt nicht nur als eine Eigenschaft der Natur, sondern in erster Linie als ein Ideal, das der Mensch in seinen künstlerischen Werken erreichen sollte, um dadurch die Natur vielleicht sogar zu übertreffen. Zum ersten Mal rückten die Kunst und der Künstler in den Mittelpunkt des Diskurses über Schönheit. Nichts drückt diesen Anspruch besser aus als die Grabinschrift, die Pietro Bembo (1470–1547), der Kardinal und große Humanist, für seinen Freund, den Maler Raffael (1483–1520), verfasst hatte: *„Ille hic est Raphael timuit quo sospite vinci / rerum magna parens et moriente mori."* (Bartels 2004, 90: Der hier: Raffael ist's, der die Schöpfernatur, da er lebte, / fürchten ließ seinen Sieg, und da er starb, ihren Tod). Die Schönheit, die der Künstler schafft, übertrifft nicht nur die der Natur, sondern die Schönheit der Natur wird erst sichtbar durch die Kunst. Ohne diese ist die Natur nichts. Schönheit wird nun als eine ideale Norm gedacht, die von der Kunst erfüllt wird und an der die Wirklichkeit gemessen werden kann.

Zentral für diese Norm bleiben aber die Grundlagen der „Großen Theorie". Im Zentrum des Schönheitsbegriffs der Renaissance steht die Lehre von den richtigen Proportionen, ergänzt und verbunden mit der von Filippo Brunelleschi (1377–1446) und Leon Battista Alberti (1404–1472) entwickelten Zentralperspektive. (Jäger 1990, 61)

Grundlage für diese Bestimmungen des Schönen als wohlproportionierte Zahlenverhältnisse waren nicht zuletzt die „Zehn Bücher über die Architektur" („De architectura libri decem") von Vitruv (1. Jhdt. v. Chr.). Wohl waren diese Abhandlungen über die Baukunst, die der römische Ingenieur und Architekt gegen Ende des ersten vorchristlichen Jahrhunderts verfasst hatte, immer bekannt gewesen, ihre große Bedeutung entfalteten sie aber erst durch ihre Rezeption in der Renaissance. Vitruvs Angaben entsprechender Maß- und Zahlenverhältnisse erschienen als ein verbindlicher Kanon für vollkommene Schönheit.

Besonderes Interesse fand Vitruvs Anwendung der Proportionenlehre auf den „wohlgeformten" Körper des Menschen selbst (homo bene figuratus). Der „Vitruv'sche Mensch", der zahlreiche Künstler von Albrecht Dürer (1471–1528) bis Leonardo da Vinci (1452–1519) inspirierte, lässt sich, aufrecht stehend, mit gespreizten Beinen und ausgestreckten Armen, in einen Kreis (oder in ein Quadrat) einschreiben. Sofern die Kunsttheoretiker der Renaissance im Banne der wiederentdeckten platonischen Philosophie standen, versuchten sie, diese Proportionenlehre in eine allgemeine Theorie kosmischer Harmonien zu transformieren. Die Gesetze der Schönheit, denen der Mensch entspricht, erweisen sich unter diesen Bedingungen als Ausdruck einer Gesetzmäßigkeit, die analog in der Welt und im Kosmos überhaupt gilt und deren Ordnungsprinzipien fundiert. (Jäger 1990, 64f.)

Eine andere, folgenreiche Akzentuierung der klassischen Schönheitskonzeption findet sich bei Marsilio Ficino (1433–1499). Der vielleicht bedeutendste humanistische Philosoph, der auf Anregung von Cosimo de Medici (1389–1464) Platons „Symposion" übersetzte und kommentierte, knüpfte zwar an die klassische Proportionenlehre an, ergänzte diese auch durch eine explizite Harmonielehre, die vor allem für den Bereich des Hörbaren gelten sollte, sah aber in der Schönheit letztlich ein geistiges Prinzip, das auch als die eigentliche Wurzel für die Sehnsucht nach dem Schönen gelten kann. Diese Sehnsucht nach dem Schönen ist nach Ficino aber die Liebe, und das von dieser Liebe begehrte Schöne ist auch das sittlich Gute. (Ficino 1984) Die ursprüngliche antike Einheit des Guten und Schönen gewinnt damit wieder an Bedeutung, gleichzeitig stellt Ficinos Begriff einer vergeistigten Schönheit, die alle Körperlichkeit und Sinnlichkeit transzendiert, in der lebens- und sinnenfrohen Kultur der Renaissance aber doch nur die Position einer kultivierten Minderheit dar. (Jäger 1990, 78)

Die prästabilierte Harmonie

Die „Große Theorie" des Schönen, die es als objektive Einheit des Vielen, als Übereinstimmung der Proportionen und als harmonisches Ganzes begriff, das letztlich mit dem Weltganzen, dem Kosmos zusammenklingen sollte, erlebte dann im 17. Jahrhundert einen letzten, großen Nachklang in der Philosophie von Gottfried Wilhelm Leibniz (1646–1716). Das Problem, von dem Leibniz ausging – ohne jetzt auf die komplexen Hintergründe seiner Metaphysik und seiner Theodizee einzugehen –, war die Frage nach dem Rätsel des Verhältnisses von Leib und Seele. Gegenüber Beeinflussungs- und Kausaltheorien vertrat Leibniz in seinem „Neuen System der Natur und des Verkehrs der Substanzen sowie die Verbindung, die es zwischen Seele und Körper gibt" von 1695 die Konzeption einer Synchronizität von Körper und Seele, die wie zwei aufeinander abgestimmte Uhren dieselben Regungen zeigen, ohne dass sie kausal wechselseitig aufeinander einwirken. Sobald man nun, so Leibniz, die Möglichkeit dieser „Hypothese der Übereinstimmungen" einsieht, erkennt man auch, dass sie am vernünftigsten ist und eine „wunderbare Idee von der Harmonie des Universums und der Vollkommenheit der Werke Gottes" gibt. (Leibniz 1985, I, 223)

In seinen „Erläuterungen zum neuen System" präzisierte Leibniz diese Hypothese und fand zu jener Formel, die Philosophiegeschichte machen sollte. Er nennt nun diese Hypothese, nach der alle Substanzen einerseits ihren eigenen Gesetzen folgen, andererseits aber mit allem anderen übereinstimmen, eine durch ein „göttliches Kunststück" geschaffene „prästabilierte Harmonie". (Leibniz 1985, I, 241) Die Harmonie zwischen Körper und Seele und zwischen den Teilen, aus denen sich das Ganze der Welt zusammensetzt, muss nicht erst hergestellt werden, sondern ist von allem Anfang an festgelegt worden. In dem hochinteressanten Thesenpapier mit dem Titel „In der Vernunft begründete Prinzipien der Natur und Gnade", das Leibniz zwei Jahre vor seinem Tod für den Prinzen Eugen verfasste, dehnte Leibniz den Begriff der prästabilierten Harmonie auf das Verhältnis zwischen dem „Reich der Natur" und dem „Reich der Gnade" überhaupt aus, so dass es damit auch ein ausgewogenes, von vornherein festgesetztes Verhältnis von Verbrechen und Strafe, von Tugend und Belohnung gibt. Die Gotteserfahrung als Einsicht in diese prästabilierte Harmonie kann nun analog zu einer ästhetischen Erfahrung gedacht werden – und damit schließt sich ein letztes Mal der Kreis zum Schönen. Denn so, wie uns zum Beispiel Musik gefällt und zu einem „Vergnügen der Sinne" führt, „obwohl ihre Schönheit nur in Übereinstimmungen von Zählen und Abzählen von Takten oder Schwingungen der tönenden Körper besteht", es also eine Harmonie, eine Übereinstimmung zwischen den durch Zahlenverhältnisse ausdrückbaren Proportionen und unserer Sinneserfahrung gibt, so erlaubt die Erkenntnis der prästabilierten Harmonie eine „interesselose" Liebe zu Gott. Wenn man nur das „Vergnügen" betrachtet, das diese Liebe spendet, ohne auf den Nutzen zu achten, den sie hervorbringt, dann erlangt man eine „visio beatifica", einen sinnlichen, anschauenden, genießenden Vorgeschmack auf eine zukünftige Glückseligkeit, auch wenn Gott in seiner Unendlichkeit niemals gänzlich erkannt werden kann. (Leibniz 1985, I, 435ff.) Leibniz stellt damit einen Zusammenhang zwischen der Erfahrung des Schönen und einer metaphysischen Wahrheit her, der einerseits die klassische Theorie des Schönen als Ausdruck einer göttlich geordneten Welt zum Abschluss bringt, andererseits aber mit der Konzeption der Interesselosigkeit als Voraussetzung für die Erfahrung des Schönen auf die ästhetischen Diskurse des 18. Jahrhunderts vorausweist.

2

Die Subjektivierung des Schönen

Spätestens seit dem 18. Jahrhundert hört das Schöne auf, Ausdruck objektiver Gesetzmäßigkeiten zu sein. Es findet eine entscheidende Neuorientierung statt, eine Wende zum Subjekt. Schönheit ist nun keine Eigenschaft eines Objekts mehr, sondern sie wird zum Ausdruck einer subjektiven Einstellung oder Bewertung. Nun liegt die Schönheit im Auge des Betrachters, was schön ist, unterliegt dem individuellen Geschmack. Mitunter wird auch ein eigener Schönheitssinn postuliert. Begriffe wie „Geschmack", „Reiz", „Wohlgefallen" und „Freiheit" dominieren nun den Diskurs des Schönen. Ganz ohne Tücken ist diese Position aber nicht, denn auch der subjektive Geschmack möchte allgemein anerkannt werden. Im folgenden Kapitel werden die Geschichte dieser Subjektivierung des Schönen und die dadurch bedingten, bis heute irritierenden offenen Fragen nachgezeichnet.

Im Auge des Betrachters

Im 18. Jahrhundert verlor die „Große Theorie" ihre Gültigkeit. Was nun folgte, kann als eine Sensualisierung, Psychologisierung und Subjektivierung des Schönen beschrieben werden. Nicht mehr die Vernunft und der Intellekt sind die Organe, die das Schöne in seiner harmonischen Ordnung analysieren und angemessen erfahren können, sondern die Sinne selbst konstituieren nun die Erfahrung des Schönen: „Das Schöne, das mit der Vernunft erfasst wird, wird zum Schönen, das mit dem Instinkt erfasst wird". (Tatarkiewicz, 216) Damit ist allerdings eine entscheidende Wende in der philosophischen Konzeption des Schönen benannt. Das Schöne erscheint nun nicht mehr als sinnliche Gestalt wahrer Ideen oder idealer Proportionen, nicht mehr als harmonischer Zusammenklang des Verschiedenen nach Gesetzen, die den Kosmos beherrschen, sondern aus Ausdruck einer sinnlich bestimmten Subjektivität.

Der schottische Philosoph David Hume (1711–1776) hat dieser Wende in seinem schmalen Essay „Über den Maßstab des Geschmacks" („Of the Standard of Taste") aus dem Jahre 1757 eine ihrer klassischen Formulierungen gegeben: „Schönheit ist keine Eigenschaft, die den Dingen an ihnen selbst zukommt; sie existiert lediglich im Geiste dessen, der die Dinge betrachtet." (Hume 1990, 78 – im Original: *„Beauty is no quality in things themselves: It exists merely in the mind which contemplates."*) Damit wird Hume zum Ahnherrn einer Ästhetik, die den Wechsel vom Objekt zum Subjekt vornimmt. Nicht mehr die Frage nach den Kriterien des Schönen an sich stehen nun im Mittelpunkt des Interesses, sondern die Frage, wann und unter welchen Bedingungen ein Betrachter etwas als schön empfindet. (Lühe 1996, 216) Hume kann es sich deshalb durchaus vorstellen, dass jemand dort eine Missgestalt erblicken kann, wo ein anderer Schönheit findet.

Populär wurde dieser Gedanke in der vielzitierten Sentenz, dass die Schönheit im Auge des Betrachters liege. Wenn Hume allerdings von Geist (*mind*) spricht, dann aus gutem Grund. Wie vor ihm schon Shaftesbury (1671–1713) und Francis Hutcheson (1694–1746) nimmt auch Hume einen Schönheitssinn (*sentiment of beauty*) als Grundlage für unser ästhetisches Geschmacksvermögen an. (Lühe 1996, 12) Dieses Gefühl für das Schöne kann allerdings durch Schulung und Übung, durch Vergleiche und Kenntnisse sehr wohl geschärft und in seiner Urteilskraft treffsicherer werden. Die Subjektivierung des Schönen wird bei Hume also wieder relativiert. Die Gesetze, nach denen der Geschmack arbeitet, sind zwar universell, aber aufgrund der unterschiedlichen Lebensbedingungen und des unterschiedlich ausgeprägten Schönheitssinns sind doch nur wenige qualifiziert, „ihr Empfinden zum Maßstab der Schönheit zu machen". (Hume 1990, 93)

Zarte Schönheit

Im selben Jahr, in dem David Hume seinen Essay über den Maßstab des Geschmacks veröffentlichte, erschien auch eines der wichtigsten und einflussreichsten Bücher zur Frage des Schönen: „Philosophische Untersuchungen über den Ursprung unserer Ideen vom Erhabenen und Schönen" („A philosophical Enquiry into the Origin of our Ideas of the Sublime and the Beautiful") des englischen Philosophen und Politikers Edmund Burke (1729–1797). Burkes noch immer lesenswerte Untersuchung nimmt ebenfalls eine sensualistische Perspektive ein, die vom Geschmack ausgeht. Unter Geschmack versteht Burke die „Fähigkeit des Gemüts", von den Werken der Einbildungskraft und von den schönen Künsten affiziert zu werden. (Burke 1980, 43) Es handelt sich also um die Frage, welche äußeren Reize imstande sind, ganz bestimmte ästhetische Empfindungen auszulösen. Burke unterscheidet dabei den „natürlichen" von einem „erworbenen" Geschmack. Natürlich, und dies gilt in der Regel für alle Menschen, ist der Geschmack, der uns Honig als süß, Essig als sauer und die Aloe als bitter bezeichnen lässt. Ebenso natürlich und für alle Menschen gültig ist eine grundlegende Bewertung dieser Geschmacksrichtungen: Süßes wird als angenehm, Bitteres als unangenehm empfunden. Erworben ist allerdings ein Geschmack, der uns bestimmte Empfindungen präferieren lässt – wenn also jemand lieber Tabak als Zucker mag – oder wenn überhaupt aufgrund eines „verdorbenen Gaumens" behauptet würde, dass Milch bitter und Zucker sauer schmecke. Ansonsten aber sind die Prinzipien, nach denen Geschmacksurteile gefällt werden, bei den meisten Menschen die gleichen, die Unterschiede in den Urteilen kommen nicht durch einen unterschiedlichen Geschmack zustande, sondern durch den „Grad der natürlichen Sensibilität" und durch die „Genauigkeit und Dauer der Aufmerksamkeit", mit der ein Gegenstand wahrgenommen wird. (Burke 1980, 54)

Nachdem er die prinzipielle Struktur des Geschmacksvermögens geklärt hat, fragt Burke nach den Ideen oder Vorstellungen, die einen starken Eindruck auf unser Gemüt machen, uns also wirkliche oder imaginäre Schmerzen oder Vergnügen bereiten. Burke kennt nur zwei solcher Vorstellungen: Selbsterhaltung und Gesellschaft. Alle unsere Leidenschaften sind darauf angelegt, einem dieser beiden Zwecke zu entsprechen. Geht es um Selbsterhaltung, sind damit fast immer Vorstellungen wie Schmerz, Gefahr oder Tod verbunden. Diese erfüllen das Gemüt mit „starken Bewegungen des Schauders". Die ästhetische Bezeichnung für diesen Schauder oder Schrecken, der sich einstellt, wenn das Individuum in seiner Existenz bedroht sein könnte, lautet: *Das Erhabene.* Angenehm ist dieses Gefühl dann, wenn die Bedrohung nur fiktiv ist. Geht es um Gesellschaft, um das Leben mit anderen Menschen, so ist es in erster Linie die Vorstellung der „Gesellschaft der Geschlechter", also die Sexualität, allgemeiner: die Liebe, die uns Genuss und Vergnügen verspricht. Die ästhetische Bezeichnung, die nun mit dieser Vorstellung leidenschaftlich erlebter Sinnenlust eingeht, ist: *Das Schöne.*

Die Pointe bei Burke ist nun, dass die Leidenschaften, die sich aus dem Konzept der Selbsterhaltung entwickeln, immer stärker sein werden als die positiven Gefühle, die sich aus der Möglichkeit eines sinnlich-geselligen Lebens ergeben. Die Angst um die eigene Existenz ist eine stärkere Leidenschaft als die sinnliche Lust und die Option auf Fortpflanzung. Das Erhabene, das Schreckliche, Bedrohliche und Furchterregende ist also auch der stärkere ästhetische Reiz als das Schöne. Etwas salopp könnte man sagen, dass aus diesem Grund der Schrecken ästhetisch immer faszinierender sein wird als der Sex.

Burke vertrat nun die Ansicht, dass es durchaus objektive Qualitäten an Dingen oder Menschen gibt, die in uns die Empfindung des Erhabenen oder Schönen auslösen können. Ob uns etwas erschreckt oder gefällt, liegt nicht allein an uns. Das Große, Dunkle, Mächtige, Unendliche und Prächtige, aber auch das Plötzliche, Laute und Leere gehören zu den Eigenschaften, die erhabene Objekte oder Situationen aufweisen müssen. Ähnliche Eigenschaften versucht Burke auch für das Schöne zu bestimmen, wobei diese Qualitäten – und Burke weist darauf ganz besonders hin – nicht den klassischen Bestimmungen des Schönen entsprechen. Weder ist das Schöne durch Proportionalität oder Harmonie, noch durch Brauchbarkeit oder Vollkommenheit gekennzeichnet. Das, was unsere Liebe erregt und von uns deshalb als schön empfunden wird, muss ganz andere Eigenschaften aufweisen, nämlich: Kleinheit, Glätte, Zartheit, fließende Übergänge und Farbigkeit, wobei die Farben klar und hell, aber nicht zu grell und nicht zu glänzend sein dürfen. Burke selbst hat ein wunderbares Beispiel dafür gegeben, wie ein solcher Schönheitsbegriff im Alltag erscheinen könnte. Wie muss ein Mensch beschaffen sein, der unsere Liebe erregt und den wir deshalb als schön empfinden? Der Kopf, so Burke, ist etwas zur Seite geneigt, die Augenlider sind halb geschlossen, der Mund ein wenig geöffnet, der Atem geht langsam, ab und zu ertönt ein Seufzer, all dies ist begleitet von einem „inneren Gefühl der Rührung und der Schwäche". (Burke 1980, 192) Natürlich blickt Burke als Gentleman des 18. Jahrhunderts so auf die Frau seiner Zeit – aber manch eine seiner Bestimmungen gilt wohl auch noch in der modernen Welt der Schönen – man denke etwa an das stilisierte Kindchenschema mancher Models.

Im 18. Jahrhundert wird Schönheit also zum Korrespondenzbegriff des ästhetischen Geschmacks. Auch wenn manche Autoren einen eigenen Schönheitssinn konzipierten, setzte sich die Vorstellung durch, dass die Wahrnehmungs- und Beurteilungsfähigkeit des Schönen Ausdruck des Vermögens sei, Dinge zu „schmecken" und danach zu beurteilen, welche positiven oder negativen Empfindungen sie in uns auslösen. So findet sich auch in der umfassenden und einflussreichen „Allgemeinen Theorie der schönen Künste" des Schweizer Philosophen Johann Georg Sulzer (1720–1779) die Definition des Geschmacks als das Vermögen, das Schöne zu empfinden. (Sulzer 1774, 461)

Interesseloses Wohlgefallen

Dass das Schöne nun von der Perspektive des Betrachters her definiert wird, bedeutet allerdings nicht, dass es nun völlig beliebig geworden wäre und der Willkür des Einzelnen überlassen bliebe. Schon Hume hatte erkannt, dass der Geschmack nach bestimmten Regeln funktioniert und zu diesen gehört ganz wesentlich die Fähigkeit, sich zu verfeinern. Je mehr Reize und unterschiedliche Angebote der Geschmack verarbeiten kann, desto anspruchsvoller und sicherer wird er in seinem Urteil. Die Fundierung der Erfahrung des Schönen im Geschmack erreicht dann ihre systematisch anspruchsvollste Fassung bei Immanuel Kant (1724–1804). In seiner 1790 erschienenen „Kritik der Urteilskraft" (KdU) wird das Vermögen einer ästhetischen Wahrnehmung, also einer qualifizierten, wertenden Sinnesempfindung im weitesten Sinne „Geschmack" genannt. Wie bei Hume ist auch bei Kant die Nähe des ästhetischen *Geschmacks* zum trivialen *Schmecken* durchaus gegeben. In einer genaueren und viel zitierten Bestimmung heißt es dann: „*Geschmack* ist das Beurteilungsvermögen eines Gegenstandes oder einer Vorstellungsart durch ein Wohlgefallen oder Mißfallen, *ohne alles Interesse*. Der Gegenstand eines solchen Wohlgefallens heißt *schön*." (KdU § 5; X, 124) Der reine Geschmack, so könnte man kulinarisch paraphrasieren, schmeckt um des Schmeckens willen – es soll kein Hunger und kein Durst, also kein Interesse befriedigt, kein Bedürfnis gestillt werden. Der Geschmack ist also Ausdruck von Subjektivität und das Postulat der Interesselosigkeit ist erforderlich, um den Geschmack in seiner Reinheit überhaupt erst zum Gegenstand der Analyse machen zu können. Sind nämlich Interessen, Bedürfnisse im Spiel, kommt es zu keiner *Beurteilung* eines Gegenstandes, sondern zu seinem *Genuss* – oder zu seiner Verweigerung. Ästhetisches Wohlgefallen, die Erfahrung des Schönen, ist also nicht mit Genuss oder dem Empfinden von Lust gleichzusetzen, ebenso wenig wie ästhetisches Missfallen mit Unlust, Abscheu oder Abwehr. Wohlgefallen und Missfallen sind Ausdrucksformen eines reinen Geschmacks, dem es darum geht, Gegenstände oder Vorstellungen rein ihrer sinnlichen Erscheinungsform nach zu erfahren, ohne dabei moralische, theoretische, leibliche, politische oder erotische Interessen ins Spiel zu bringen.

Vom Geschmack ist aber das *Geschmacksurteil* zu unterscheiden. Beschränkte sich der Mensch darauf, nur seinem Wohlgefallen Ausdruck zu verleihen – dies oder jenes *gefällt* –, wäre dies nicht mehr, aber auch nicht weniger, als die Formulierung eines subjektiven Geschmacksempfindens. Solches verdiente keine weitere Beachtung, außer man ist aus persönlichen Gründen an dem Menschen, der diese Empfindung äußert, selbst interessiert oder aber nicht interessiert – möglich, dass man mit Menschen, denen z. B. ein bestimmter Maler gefällt, nichts zu tun haben will. In dem Moment aber, in dem sich die Geschmacksäußerung die Form eines Urteils gibt – dies oder jenes *ist schön* –, sind ganz andere Ansprüche damit verbunden. Es ist ein Moment von Allgemeinheit erreicht, das die Ebene rein subjektiver Unverbindlichkeit hinter sich lässt. Das Geschmacksurteil selber, so Kant, kann zwar nicht die Zustimmung aller anderen postulieren, wohl aber „sinnet" es den anderen diese „Einstimmung" an. (KdU § 8; X, 130) In Fragen der ästhetischen Vorlieben will man also, dass andere ähnlich oder genauso empfinden. Davon ausgehend, kann Kant dann auch zu seiner Bestimmung des Schönen kommen: *„Schön ist, was ohne Begriff als Gegenstand eines notwendigen Wohlgefallen erkannt wird."* (KdU § 22; X, 160)

Gegenstände, die nicht unsere Interessen, Begierden oder Ressentiments erregen, sondern auf die unsere Urteilskraft mit „interesselosem Wohlgefallen" reagieren kann, sind damit als „schön" klassifiziert. Jeder Gegenstandsbereich kann solcherart prinzipiell „schön" sein, die Natur so gut wie der Mensch und seine Werke. Während aber die Natur bestimmten Zwecksetzungen folgt und nur für den Menschen unter bestimmten Bedingungen als zweckfrei, also als schön erscheinen kann, ließen sich Kunstwerke überhaupt als Gegenstände beschreiben, die ausschließlich dazu angefertigt werden, ein interesseloses Wohlgefallen hervorzurufen, also nichts anderes beim Rezipienten ansprechen als seine ästhetische Urteilskraft. Sie erscheinen also zweckmäßig, ohne einen Zweck zu verfolgen.

Kants Begriff des interesselosen Wohlgefallens stieß schon bei den

Zeitgenossen auf heftige Kritik. So hielt etwa Johann Gottfried Herder (1744–1803) in seiner Schrift „Kalligone" fest, dass nichts ohne Interesse gefallen kann. Gerade die Schönheit sei für den Empfindenden nämlich das „höchste Interesse". (Herder 1800, 37) Und warum Menschen in ihren subjektiven, aber interesselosen Urteilen über das Schöne übereinstimmen sollen, ist mit Kants Bestimmung ebenfalls noch nicht restlos geklärt. Dass ästhetische Geschmacksurteile einerseits in der subjektiven Erfahrung gründen, andererseits aber einen Anspruch auf Verbindlichkeit und Allgemeingültigkeit erheben, lässt sich nur erklären, wenn dem ein Prinzip zugrunde liegt, das „nur durch Gefühl", aber doch „allgemeingültig" bestimmen kann, „was gefalle oder missfalle". Und dieses Prinzip nennt Kant den „Gemeinsinn". Unsere „Anmaßung", so Kant, überhaupt Geschmacksurteile fällen zu können, setzt einen solchen Gemeinsinn, eine gefühlsmäßige, deshalb unbestimmte, aber nichtsdestotrotz „idealische" Norm des Schönen, in der wir uns allen Menschen verbunden fühlen, notwendigerweise voraus. Ansonsten wäre es unsinnig, das eigene Schönheitsempfinden mit anderen teilen zu wollen und zu können. (KdU § 20; X, 157ff.) Anders als Burke es gemeint hatte, gilt also auch für Kant: Schönheit verbindet; oder: In der Schönheit fühlen wir uns verbunden.

Die Rückbindung des Schönen an das interesselose Wohlgefallen hatte es Kant nicht mehr erlaubt, der ästhetischen Urteilskraft eine moralisch-praktische Bedeutung zuzuschreiben. Die alte Einheit des Schönen und des Guten schien damit endgültig aufgelöst. Ganz wollte aber auch Kant nicht darauf verzichten, die Erfahrung des Schönen zumindest in die Nähe des Sittlichen zu rücken, auch wenn es keine zwingenden Verbindungen mehr gab. Relativ unvermittelt postuliert deshalb Kant in der „Kritik der Urteilskraft", dass das Schöne das „Symbol des Sittlichen" sei. (KdU § 59; X, 294f.) Möglich wird dies für Kant dadurch, dass das Geschmacksurteil mit seinen Bestimmungen der Autonomie, Zweckfreiheit und seinem Anspruch auf Verbindlichkeit analog zu den Erfordernissen der praktischen Vernunft gesehen werden kann. Diese Ähnlichkeit zwischen dem Schönen und dem Guten sei durchaus auch dem gemeinen Verstande zugänglich, benennen wir doch oft schöne Gegenstände der Natur oder der Kunst mit Namen, die eine sittliche Beurteilung zugrunde zu legen scheinen. So nennen wir Gebäude oder Bäume „majestätisch und prächtig", oder Gefilde „lachend und fröhlich", ja sogar Farben werden „unschuldig, bescheiden, zärtlich" genannt, weil sie, so Kant, Empfindungen erregen, die ana-

log zu Gefühlen sind, die durch ein moralisches Urteil bewirkt werden
können.

Freiheit in der Erscheinung

Solch lose Assoziation des Schönen mit dem Guten war für manchen
Zeitgenossen Kants wenig befriedigend. Es war vor allem Friedrich
Schiller, der das Verhältnis des Schönen zu den Ansprüchen der Sittlichkeit differenzierter gedacht haben wollte. In seinen Briefen an
den Freund Christian Gottfried Körner (1756–1831) entwarf Schiller
die Grundzüge einer Theorie des Schönen, die er allerdings in dieser
Form nicht mehr ausarbeiten konnte. Als „Kallias-Briefe" gelten diese Texte allerdings als entscheidende Dokumente für das ästhetische
Denken des deutschen Idealismus. Schiller erhebt darin von Anfang
an den Anspruch, dass sich seine Theorie des Schönen von allen gän-
gigen Konzeptionen deutlich unterscheide, denn er fasse das Schöne
„sinnlich objektiv". (Schiller 1993, V, 394) Schiller will zeigen, dass das
Schöne weder rein aus dem Verstand deduzierbar ist noch allein auf
die Subjektivität des Geschmacks reduziert werden kann. Das Schöne
muss einerseits der Sphäre der Sinnlichkeit entstammen, denn ohne
Anschauung ist das Schöne undenkbar, und es muss ein Moment des
Objektiven aufweisen, denn ohne dieses wäre es nur beliebig. Dieses
verbindliche Moment, das in der Schönheit zum Ausdruck gebracht
wird, ist für Schiller die Freiheit. Oder, wie Schiller in diesen Briefen
pointiert formuliert: „Schönheit also ist nichts anderes als Freiheit in
der Erscheinung." (Schiller 1993, V, 400)

Diese Formulierung ist zweifellos prägnant, aber auch missverständlich, doch Schiller hat sich durchaus bemüht, Fehlinterpretation
auszuschließen. Dieser vielzitierte Satz bedeutet nämlich gerade nicht,
dass die Freiheit des Menschen, dort wo sie im Medium der Sinnlichkeit erscheint, als Schönheit wahrgenommen wird. Schiller macht klar,
dass Freiheit als „Übereinstimmung einer Handlung mit der Form
des reinen Willens" sich als Sittlichkeit, das heißt als Praxis realisieren
muss. Sehr wohl aber kann es sein, dass etwas den Anschein erweckt,
als ob es Ausdruck und Resultat von Freiheit sei. Und dieses nennen
wir schön. Es ist, so könnte man zugespitzt formulieren, nur die Fiktion oder Unterstellung von Freiheit, die uns etwas als schön erfahren
lässt. Schiller hat dies deutlich formuliert: „Schön ist ein Naturprodukt,

wenn es in seiner Kunstmäßigkeit frei erscheint. Schön ist ein Kunstprodukt, wenn es ein Naturprodukt frei darstellt. Freiheit der Darstellung ist also der Begriff, mit dem wir es hier zu tun haben." (Schiller
1993, V, 426)

Überall dort, wo wir die Möglichkeit haben, die Dinge so zu betrachten, als wären sie frei im Sinne reiner Selbstbezüglichkeit, un-
abhängig von äußeren Zwängen, frei sich entfaltend, werden wir den
Eindruck der Schönheit haben, sei es in der Kunst oder in der Natur.
Schiller hat damit Kants Formel von der Zweckmäßigkeit ohne Zweck,
die das Schöne auszeichne, eine nahezu politische Lesart gegeben, und
er demonstriert dies an einer Frage, die bis heute die Gemüter bewegt:
Wann sagt man, dass eine Person schön gekleidet sei? Schillers Antwort
ist so originell wie erhellend: „Wenn weder das Kleid durch den Körper, noch der Körper durch das Kleid an seiner Freiheit etwas leidet."
(Schiller 1993, V, 420f.) Eine Kleidung, die den Körper nicht einengt,
und ein Körper, der seine Kleidung nicht erniedrigt: Das ist die Formel
für die Schönheit des Menschen in seiner modischen Erscheinung.

Das Verhältnis von Freiheit und Erscheinung – und dies ist nun
eine Pointe, die Schiller bewusst gegen Kant setzt – trifft aber auch die
Sittlichkeit selbst. Im Gegensatz zu Kant kennt Schiller sehr wohl so
etwas wie eine „moralische Schönheit". Sie tritt dann ein, wenn einem
Menschen die moralische Pflicht gleichsam zur Natur geworden ist, das
Gute also nicht als Resultat einer Überlegung der praktischen Vernunft
erscheint, sondern als eine Selbstverständlichkeit, die aus sich heraus,
um ihrer selbst willen geschieht. Schiller nannte solch einen Menschen,
der gleichsam ohne Reflexion das moralisch Richtige tut, mit einem
von Christoph Martin Wieland entlehnten Begriff eine „schöne Seele".
Die „schöne Seele" macht das moralisch Richtige so, als ob es ihre Natur
wäre. In einer schönen Seele harmonieren nach Schiller also Sinnlichkeit und Vernunft, Pflicht und Neigung und „Grazie ist ihr Ausdruck in
der Erscheinung". (Schiller 1993, V, 469)

3

Positionen der Moderne: Schein, Form, Trieb und Distanz

Für die Moderne, also für das 19. und 20. Jahrhundert, hört das Schöne auf, ein ungebrochenes Glücksversprechen zu sein. Seit der Romantik macht sich das Hässliche auch in der Theorie des Schönen bemerkbar, das Schöne wird nun zunehmend funktionalisiert, als Möglichkeit der Erkenntnis ebenso gesehen wie als Wille zum Schein, als verhängnisvolle Verlockung ebenso erfahren wie als Faszination der reinen, leeren Form oder als bewusster Aufschub einer Triebbefriedigung. Einige Stationen auf diesem Weg der Entzauberung des Schönen, die von der romantischen Brüchigkeit des Schönen bis zur Absage des Schönen durch eine radikale Ästhetik im 20. Jahrhundert reichen, werden im Folgenden skizziert.

Die Krise des Schönen in der Romantik

Die Schönheit gehört zu jenen „Selbstverständlichkeitsverlusten", durch die die Moderne ganz wesentlich gekennzeichnet ist. (Majetschak 2007, 89) Die Entwertung der Schönheit beginnt wahrscheinlich schon in der ästhetischen Theorie und künstlerischen Praxis der Romantik. Was Wilhelm Schlegel (1767–1845), Friedrich Schlegel (1772–1829), Ludwig Tieck (1773–1853), Novalis (1772–1801) und andere im letzten Jahrzehnt des 18. Jahrhunderts umtrieb, war die Begeisterung für die Französische Revolution, der Glaube an die Macht und die Autonomie der Kunst, die Betonung des Subjekts und seiner Einbildungskraft und vor allem eine unbändige Lust am literarischen Experiment, das keine Norm, auch nicht die der Schönheit, anerkennen wollte. Ästhetische Selbstüberbietung und ästhetische Selbstzerstörung werden zum Programm, die Ästhetisierung des Lebens und die Verwirklichung der Poesie werden gefordert, das Kunstwerk wird als unabschließbar gedacht, das Fragment zur ultimativen ästhetischen Geste stilisiert.

Friedrich Schlegels Begriff der „progressiven Universalpoesie" bündelt diese Intentionen und neben der „Sehnsucht" wird die „Ironie" zum Leitbegriff der Epoche. (Schlegel 1988, II, 114f. u. II, 248f.) Autoren wie Novalis, E. T. A. Hoffmann (1776–1822) oder der anonyme Schöpfer der bizarren „Nachtwachen des Bonaventura" entdecken die dunklen Seiten der Seele, die Welt der Träume und die Verlockungen des Irrationalen. Es entstehen zum Teil genialische Antizipationen einer Theorie des Unbewussten, die erst hundert Jahre später formuliert werden wird. Und die Romantiker finden in den alten Mythen und Mythologien des Abendlandes und des Orients poetische Kraftquellen, die sie durchaus als Korrektiv zu einer platt und instrumentell gewordenen Vernunft einsetzen wollen. (Safranski 2007, 89ff.)

Man könnte die romantische Kunst und ihre theoretische Fundierung auch als Antizipation einer Moderne lesen, für die Schönheit keinen zentralen Wert mehr darstellt. (Liessmann 1999, 43ff.) Die Schönheit wird nun durch andere Kategorien abgelöst, unter denen die des „Interessanten" vielleicht die wirkmächtigste geworden ist. In seinem zentralen Essay „Über das Studium der griechischen Poesie" bestimmt Friedrich Schlegel das Interessante als jene Kategorie, die den allgemeinen und objektiv gültigen Charakter des Schönen unterläuft, auch dann, wenn Schlegel dem Interessanten nur „provisorischen ästhetischen Wert" zubilligt. (Schlegel 1988, I, 66) Das, was das Interessante so interessant macht, ist nach Schlegel sein völliger „Mangel an Allgemeingültigkeit". Das Interessante gehorcht keiner verbindlichen ästhetischen Norm, es verkörpert kein Objektives, strebt nicht nach Vollkommenheit oder Harmonie, sondern besticht einzig und allein durch die exzessive Zeichnung seiner Besonderheit. Die Herrschaft des Interessanten ist eine Herrschaft des „Manirierten, Charakteristischen und Individuellen". (Schlegel 1988, I, 84) Interessant ist, was etwas Außergewöhnliches, Deviantes, etwas von der Norm Abweichendes aufweist. Das Interessante setzt weniger als Gegenbegriff, denn als Folie das Gewöhnliche, das Konventionelle, die Norm und das Mittelmaß voraus. Das Interessante wird interessant durch die Art der Abweichung vom Durchschnitt. In einem ästhetischen Sinn bedeutet das, das Abweichende muss in Erscheinung treten, sichtbar sein, auffallen. (Liessmann 2009, 101ff.)

Das Interessante aber kann keinen idealen Maßstab mehr darstellen, da es jederzeit von etwas noch Interessanterem überboten werden kann. Dadurch entwickelt das Interessante eine Dynamik, die das Schöne so nicht kannte. Das Interessante, angewiesen auf einen Geschmack, der stets „heftigere und schärfere Reize begehrt", durchläuft eine Kurve der Steigerung, die vom „Piquanten" über das „Frappante" und „Fade" bis zum „Choquanten" führt. Dieses wird wiederum von Schlegel in drei „Unterarten" geteilt. Das „Abenteuerliche", das „Ekelhafte" und das „Grässliche". Es sind diese starken Reize, die der Geschmack nun sucht, nicht mehr das Schöne; es ist der „Schock", der nun als Strategie und Reaktion die Ästhetik bestimmt, auch wenn Schlegel selbst dieses „Choquante" als „letzte Konvulsion des sterbenden Geschmacks" bezeichnete. (Schlegel 1988, I, 85)

Schönheit als Kontemplation

Neben den Romantikern waren es vor allem zwei Philosophen, deren Ästhetik und die damit verbundenen Reflexionen des Schönen für das 19. Jahrhundert von Bedeutung sind: Arthur Schopenhauer und Friedrich Nietzsche. Arthur Schopenhauer (1788–1860) ging davon aus, dass der Mensch den Prinzipien Raum, Zeit und Kausalität, also den physikalischen Bedingungen unseres Daseins, restlos ausgeliefert ist. Ausdruck dieser Ausgeliefertheit an die determinierenden Bedingungen des Daseins ist der Wille. Der Wille ist bei Schopenhauer allerdings nicht der freie Wille, sondern die Repräsentation unserer Bedingtheit, unserer Triebstruktur in unserem Bewusstsein. Das heißt für Schopenhauer, dass der eigentliche Brennpunkt dieses Willens, das eigentliche Zentrum unserer Triebdynamik, der wir unterliegen und der wir nicht entkommen, letztlich die Sexualität ist. Oder anders formuliert: Der Leib und seine Bedürfnisse sind die Erscheinung des Willens. Gefangen in der Kausalität, in Raum und Zeit, verhindert der Leib mit seinen Notwendigkeiten und Begierden, letztlich mit seinem Leiden allerdings jede wahre Erkenntnis. Wer in seinen alltäglichen Begierden und Nöten gefangen ist, damit beschäftigt, die ständig wechselnden Bedürfnisse des Leibes halbwegs zu befriedigen, kann nicht in der Lage sein, sich den unveränderlichen Wahrheiten der Ideen zu widmen.

Die Negation des Willens und des ihm zugeordneten Leibes wäre so also Vorbedingung von Erkenntnis schlechthin. Diese Negation leistet nun das Schöne, das nach Schopenhauer nicht auf die Kunst beschränkt ist, auch wenn diese dem Schönen in besonderer Weise entgegenkommt. Nur das Schöne hat durch seine Faszinationskraft die Macht, den Menschen wenigstens für einen begrenzten Zeitraum so gefangen zu nehmen, dass er die Bedingtheiten seines Daseins, die Regungen seines Willens und Leibes vergessen kann. Indem der Mensch sich in die Anschauung des Schönen versenkt, ist er frei von allen Begierden und Nöten, deshalb frei für die Erkenntnis des Wahren im Schönen. Der Prozess der Negation des Willens stellt sich so als spezifische Form einer „ästhetischen Kontemplation" dar. (Schopenhauer 1986, I, 265)

Schopenhauers Ästhetik kennt keine entscheidende Differenz zwischen dem Kunstwerk und dem Schönen in der Natur, kennt auch keine Differenz zwischen der ästhetischen Produktion und der ästhetischen Erfahrung: „Das ästhetische Wohlgefallen (ist) wesentlich eines und dasselbe, es mag durch ein Werk der Kunst oder unmittelbar durch die Anschauung der Natur und des Lebens hervorgerufen sein." (Schopenhauer 1986, I, 278) Entscheidend für das „ästhetische Wohlgefallen" ist der durch die Kontemplation erreichte Stillstand der Zeit, die Suspension von Kausalität, die Transzendierung des Raumes. Alles kann so zu einem Schönen werden, alles kann letztlich einer ästhetischen Betrachtung durch die Anstrengung des Subjekts unterzogen werden, in jedes Objekt kann sich das Subjekt kontemplativ versenken. Jedes vorhandene Ding, so Schopenhauer in seinen Vorlesungen zur „Metaphysik des Schönen", kann schön sein, da es rein objektiv und außer aller Relation betrachtet werden kann. Schöner ist aber eines als das andere dadurch, dass es dieser Betrachtungsart entgegenkommt. (Schopenhauer 1985, 118)

Man kann in dieser Ausweitung des Schönen, dem keinerlei objektive formale Kriterien mehr zugeordnet werden, tatsächlich einen „antiklassizistischen" Zug der Schopenhauer'schen Ästhetik sehen. Das Schöne ist nicht mehr eindeutig bestimmbar, es ist vieldeutig, dadurch aber auch nichtssagend geworden. Schopenhauer verzichtet deshalb auch auf weitere Differenzierungen. (Pothast 1982, 81) Entscheidend ist, dass der Wille nicht affiziert wird. Deshalb sind für Schopenhauer das „Reizende" und das „Ekelhafte" die eigentlichen Gegenbegriffe zum Schönen, da sie den Willen anstacheln. Im ersten Fall zu einem Begehren, im anderen Fall zu einer Abwehr. Dadurch ist eine reine, interesselose Kontemplation nicht mehr möglich. (Schopenhauer 1986, I, 294f.) Seine Konzeption läuft schon auf eine Entgegenständlichung der Kunst hinaus, auf eine Kunst, die sich bewusst weigert, den emotionalen und leiblichen Bedürfnissen entgegenzukommen, auf eine Kunst, die sich diesen Bedürfnissen geradezu entgegenstellt, den Rezipienten zwingen will, sich ganz dem Ästhetischen zu widmen, all seine unmittelbaren Lebensinteressen zu vergessen. Das meditative Moment, das die Betrachtung reiner Farben und Formen enthält, und das bei der Entstehung etwa der Abstraktion in der Malerei eine Rolle gespielt haben mag, ist so bei Schopenhauer schon vorformuliert.

Der Wille zum Schein

Ähnlich wie Schopenhauer und dennoch um vieles radikaler hat Friedrich Nietzsche (1844–1900) den Begriff des Schönen umgewertet. Nietzsche hat seine philosophische Karriere mit einer Arbeit über „Die Geburt der Tragödie aus dem Geiste der Musik" begonnen, in der er alle ästhetische Erfahrung auf die Duplizität des Apollinischen und Dionysischen zurückführte. Das Apollinische entsprach für Nietzsche dem „schönen Schein der Traumwelten", das Dionysische hingegen den „Schauern des Rausches", in denen der Einzelne angesichts der Tristesse seines Daseins in „völliger Selbstvergessenheit" hinschwinden will. (KSA 1, 28ff.) Das Schöne mag seinen eigentlichen Ort im Apollinischen haben, dem ja auch der antike Gott des Lichtes, der Sonne und der lyrischen Künste Pate stand. Das Dionysische verweist auf die dunklen Seiten der Kreativität, auf die Kräfte, die frei werden, wenn das Individuum sich selbst negiert, alle Grenzen überschreitet und eine ekstatische Vereinigung mit seinesgleichen und der Natur sucht. Das Schöne wird so nur mehr zu einem Moment in einer komplexen Strategie, der eine zentrale frühe Einsicht Nietzsches zugrunde liegt: Dass das Dasein und die Welt nur als „ästhetisches Phänomen" gerechtfertigt sind. (KSA 1, 47) Mit diesem fundamentalen Satz deutet Nietzsche an, dass es keine moralische und keine religiöse Rechtfertigung des Daseins gibt, sondern dass dieses nur unter der Perspektive seiner ästhetischen Erscheinung Sinn gewinnt: die Welt als Kunstwerk. Damit sind aber auch das Übel, das Böse, das Amoralische und das Blasphemische gerechtfertigt – als ästhetische Phänomene.

Kunst ist deshalb für Nietzsche schlicht überlebensnotwendig – sie allein nämlich vermag jene „Ekelgedanken über das Entsetzliche oder Absurde des Daseins" in Vorstellungen umzubiegen, mit denen sich dann irgendwie noch leben lässt. (KSA 1, 57) Denn, und das ist vielleicht der wesentlichste und radikalste Gedanke, den Nietzsche für eine Ästhetik der Moderne formulierte, die Wahrheit über die Tristesse und

Sinnlosigkeit des Daseins ist in ihrer ungeheuren Brutalität den Menschen nicht zumutbar. In einem nachgelassenen Fragment aus dem Jahre 1888 hat Nietzsche dies in aller Deutlichkeit ausgesprochen: „An einem Philosophen ist es eine Nichtswürdigkeit zu sagen: das Gute und das Schöne sind eins: fügt er gar noch hinzu ‚auch das Wahre‘, so soll man ihn prügeln. Die Wahrheit ist häßlich: wir haben die Kunst, damit wir nicht an der Wahrheit zugrunde gehen". (KSA 13, 500) Nietzsche postulierte geradezu einen tiefen „Willen zum Schein", der für diese Erfahrung des Schönen maßgeblich sein sollte. (KSA 13, 226) Das Schöne wird so, als Schein, als Kunstwerk, noch einmal aufgeboten, nun aber *gegen* die Wahrheit und *gegen* die Moral. Diese Welt des schönen Scheins und der Fiktionen ermöglicht nicht wie bei Schopenhauer die Erkenntnis, sondern das Überleben. Es ist gerade der Wille, der das Schöne braucht, für eine überlebensnotwendige Selbsttäuschung benötigt.

Die abendländische Tradition einer Metaphysik des Schönen ist mit Nietzsche endgültig verlassen. Das Schöne wird wohl auch weiterhin Thema der Ästhetik bleiben, aber entweder reduziert auf eine Frage der Form oder mit einem gesellschaftskritischen Vorbehalt versehen. Dazu nun im Folgenden noch einige ausgewählte Positionen, die natürlich keinen Anspruch auf Vollständigkeit stellen können.

Formale Ästhetik

Eine bemerkenswerte Auseinandersetzung mit der Frage nach dem Schönen stammt von dem Wiener Musikkritiker Eduard Hanslick (1825–1904). Der scharfzüngige Feuilletonist hatte sich vor allem als Feind Richard Wagners einen Namen gemacht. In seiner im Jahre 1854 publizierten Schrift „Vom Musikalisch-Schönen. Ein Beitrag zur Revision der Ästhetik der Tonkunst" gelangen ihm einige erstaunliche theoretische Einsichten zur Frage des Schönen in der Musik, die ihn eigentlich eher zu einem Exponenten der musikalischen Moderne denn zu ihrem erbitterten Gegner prädestiniert hätten. (Damnjanovic 1995, 717ff.) Zum anderen führen diese Überlegungen am Beispiel der Musik aber zu Einsichten, die auch für eine generelle Theorie des Schönen von Bedeutung sind.

Hanslick ging davon aus, dass in ästhetischen Untersuchungen in erster Linie das schöne Objekt und nicht das empfindende Subjekt zu erforschen sei. In diesem Sinne bleibt er der Idee des objektiv Schönen verhaftet, bestimmt diese allerdings rein formal. Das richtete sich gegen die Kantische Fundierung des ästhetischen Urteils im subjektiven Geschmacksvermögen ebenso wie gegen die romantische Gefühlsästhetik. Gerade im Fall der Musik wehrt Hanslick die gängige These ab, dass es die Musik mit Gefühlen zu tun habe. Weder, so seine Überlegung, veranschaulicht die Musik im besonderen Maße Gefühle noch erzeugt sie beim Rezipienten primär Gefühle. Wohl trifft jedes Schöne zuerst die Sinne. Allein, was es dort auslöst, sind vorerst Empfindungen. Das Organ, mit dem über die Empfindung einzelner Sinnesqualitäten hinaus das Schöne als solches wahrgenommen werden kann, ist aber nicht das Gefühl, sondern die „Phantasie", die Hanslick als „Schauen mit Verstand" definiert. (Hanslick 1991, 4f.)

Als das spezifisch Musikalische, als alleiniger Inhalt und Gegenstand der Musik erscheinen die „musikalischen Ideen" selbst, nämlich die tönend bewegten Formen. Als „Urelement" der Musik fungiert dabei der „Wohllaut", als ihr Wesen der „Rhythmus", als ihr Material die Gesamtheit der „Töne" mit den ihnen inhärenten Möglichkeiten zu „Melodie" und „Harmonie", ihre Erscheinungsform wird noch variiert durch die Möglichkeit „mannigfaltiger Klangfarben". (Hanslick 1991, 32) Mit diesen Parametern hat Hanslick Form und Inhalt der Musik bestimmt. Die Musik kann also wohl „Ideen" darstellen, aber   · nur solche, die ihren eigensten Mitteln entsprechen, sich also auf hörbare Veränderungen der Zeit, der Kraft, der Proportionen beziehen: die „Idee des Anschwellenden, des Absterbenden, des Eilens, Zögerns, des künstlich Verschlungenen, des einfach Begleitenden u. dgl." Wie immer der ästhetische Ausdruck der Musik auch genannt werden mag – anmutig, sanft, heftig, kraftvoll, zierlich oder frisch –: Alle diese Begriffe sind Beschreibungen eines musikalischen Sachverhalts, die nicht mit ethischen oder anderen inhaltlichen Bedeutungen assoziiert werden dürfen. Alles, was über diese musikalischen Ideen hinausgeht und als zusätzliche Bedeutung erfahren oder gefühlt werden kann, nennt Hanslick „symbolisch". (Hanslick 1991, 14ff.)

Das Schöne wird also als rein formale Konstellation aufgefasst, als solche ist es allerdings weder auf die Musik noch überhaupt auf die Künste beschränkt. Zumindest argumentierte in diesem Sinne der österreichische Ästhetiker Robert Zimmermann (1824–1898), der im Jahre 1865 eine „Allgemeine Ästhetik als Formwissenschaft" veröffentlicht hatte. Beeinflusst von der Philosophie Johann Friedrich Herbarts

(1776–1841) entwarf Zimmermann ein System, das nicht nur Kunstwerke, sondern auch soziale Beziehungen, von der Ehe über die Pädagogik bis zum Staat, unter dem Gesichtspunkt des Ästhetischen als ein
Formprinzip fasst. "Kein Einfaches, so Zimmermann, kann in einem
ästhetischen Sinn „gefallen". Gefallen kann nur etwas Zusammenge-
setztes, und an diesem wiederum gefällt nur die „Form". Alles außerhalb der Form – Material, Inhalt, Bedeutung – ist ästhetisch irrelevant.
(Zimmermann 1865, 21)

Mit diesen Prämissen hat Zimmermann den Grundstein einer „formalen Ästhetik" gelegt, deren Bedeutung erst allmählich wieder ins
Bewusstsein getreten ist. (Wiesing 1997, 34ff.) Die Ästhetik als reine
Formwissenschaft ist eine „Morphologie des Schönen". Sie zeigt, dass
nur Formen gefallen und missfallen, und sie legt dar, dass alles, was
gefällt oder missfällt, nur durch Formung gefallen und missfallen kann.
Das aber bedeutet, dass es keinen Gegenstand gibt, der als Geformter nicht auch schön sein könnte. Auch das Gleichgültige, Gewöhnliche und Bedeutungslose kann gefallen, denn die „gefallende Form"
schwebt teilnahmslos „wie die Sonne" über die „Gerechten und Unge-
rechten". (Zimmermann 1865, 30)

Ähnlich hat auch Christian von Ehrenfels (1859–1931), einer der
Begründer der Gestaltpsychologie, das Schöne bestimmt. Nach Ehrenfels kann das Schöne als „geahnte Einheit in der Mannigfaltigkeit" bestimmt werden. (Ehrenfels 1986, 410) Diese Definition möchte entge-
gen klassischen Proportionen- und Harmonielehren die Offenheit des
Schönen betonen. Das Schöne ist kein in sich geschlossenes Gebilde,
dessen Teile in einem ansprechenden Verhältnis zum Ganzen stehen,
sondern ein solches, dessen kongruente formale Struktur wir wohl er-
ahnen, aber nicht definitiv beschreiben oder begründen können. Dies
erklärt jene Besonderheit des Schönen, die darin besteht, dass man sich
mit dem Schönen immer wieder beschäftigen kann, und immer wieder
neue Aspekte dieser Einheit in der Mannigfaltigkeit daran entdeckt.

In diesem Kontext einer formalen Ästhetik können dann auch
jene späteren Versuche gesehen werden, die unter dem Einfluss von
Informationstheorie und Kybernetik das Schöne als objektives Maßverhältnis beschrieben. Als Ausgangspunkt für diese informationstheo-
retische Ästhetik kann die von dem amerikanischen Mathematiker
George David Birkhoff (1884–1944) entwickelte Formel gelten, nach
der sich das Maß des Schönen, die „ästhetische Maßzahl" (M) nach
dem Verhältnis von Organisation (O) und Komplexität (C) bemisst:

M = O/C. (Birkhoff 2003) In Deutschland hat vor allem Max Bense (1910–1990) in den 60er-Jahren des 20. Jahrhunderts an diesem Konzept weitergearbeitet und unter dem Eindruck der neu entstehenden Computerkunst in seiner „Aesthetica" weiterentwickelt. (Bense 1982) Das Schöne erweist sich unter dieser Perspektive als jenes Verhältnis von Chaos und Ordnung, das Redundanz ebenso vermeidet wie reine Unordnung und Kontingenz. Das Erste würde nur zu Langeweile führen, das Letztere zur Verwirrung.

Die „Formen des Schönen", wo immer sie auch anzutreffen sind, in der Natur oder in der Kunst, in der Mathematik oder im Kosmos, entstehen nach solchen Konzepten regelmäßig „auf der Schwelle von der Ordnung ins Chaos, vom Chaos in die Ordnung", denn „alle schönen Formen sind Grenzfälle". (Cramer/Kaempfer 1992, 21) Damit aber ist das Schöne als ein höchst instabiles Moment charakterisiert, etwas, das erscheint und wieder vergeht, aus dem Chaos erwächst oder aus der Ordnung zerfällt. Vor allem „verzweigte Systeme", Bäume und Stammbäume, Wurzeln und Flussdeltas sowie labile Strukturen an der Grenze von Chaos und Ordnung entsprechen diesem Modell. Unter dieser Perspektive kann etwa der Blitz als Inbegriff des Schönen erscheinen. (Cramer/Kaempfer 1992, 32ff.)

Bedürfnis und Verweigerung, Verlockung und Gefahr

Einen anderen Zugang zum Schönen suchten jene Konzepte, die sich aus tiefenpsychologisch inspirierten triebdynamischen oder aus sozialen Konstellationen ableiten. Sigmund Freud (1856–1939), der Begründer der Psychoanalyse, hatte sich, obwohl durchaus ein Kunstliebhaber, der Erfahrung des Schönen theoretisch nur sehr vorsichtig genähert, dabei aber einige entscheidende Hinweise gegeben, wie das Schöne aus der Triebstruktur des Menschen erklärt werden könnte. So heißt es etwa in seiner Schrift „Das Unbehagen in der Kultur" aus dem Jahre 1930, dass die Psychoanalyse über die Schönheit „leider" wenig zu sagen weiß, aber die Ableitung aus dem Gebiet des Sexualempfindens für gesichert hält. Schönheit wäre demnach ein „vorbildliches Beispiel einer zielgehemmten Regung". (Freud 1982, IX, 214) An diese Überlegung knüpfte der Literaturtheoretiker Christian Enzensberger (1931–2009) an und führte das Schöne auf die Fähigkeit des Menschen zurück, die unmittelbare Triebbefriedigung aufzuschieben, darauf zu verzichten, um aus dieser Verzichtleistung einen umso höheren Genuss zu erzielen. Schönheit ist das „Abstandhalten vom Triebziel". (Enzensberger 1981, 210) Diese Fähigkeit markiert auch die ersten Erfahrungen mit dem Schönen in der frühen Kindheit, genau in dieser Phase ist das Schöne vom Guten auch psychologisch noch nicht geschieden. Sich zu beherrschen lernen und etwa mit Messer und Gabel langsam zu essen, ist schön und wird auch als gut klassifiziert.

Nahezu gegenläufig bestimmt der Philosoph Franz Koppe (geb. 1931) das Schöne: Als die Möglichkeit, die Befriedigung von Bedürfnissen nicht aufzuschieben, sondern diese Bedürfnisse in der Imagination als schon befriedigt zu vergegenwärtigen. Das Schöne wird so zum Indikator für Wünsche und Bedürfnisse, gleichzeitig aber auch zu einem Hinweis, dass die Realität dieser Erfüllung und Befriedigung noch ermangelt. Die Befriedigung wird nicht aufgeschoben und deshalb als schön empfunden, sondern sie wird als noch nicht wirkliche antizipiert und dadurch zu etwas Schönem. Bedürfnisse, die als frustriert, als nicht befriedigt in Erscheinung treten, werden dann nach diesem Konzept als hässlich empfunden. (Koppe 1983, 156f.)

Man kann das Schöne aber nicht nur an der Grenze zwischen Befriedigung und Versagung, sondern auch im Bereich von Schrecken und Lust ansiedeln. Seine klassische Formulierung hat dieser Gedanke in Rainer Maria Rilkes (1875–1926) erster Duineser Elegie gefunden: „Denn das Schöne ist nichts / als des Schrecklichen Anfang, den wir noch grade ertragen, / und wir bewundern es so, weil es gelassen verschmäht, / uns zu zerstören." (Rilke 1987, I, 685) Diese Verbindung des Schönen mit dem Entsetzen und der Grunderfahrung des Schrecklichen hat eine lange Tradition, an die auch der Philosoph Günther Anders (1902–1992) anknüpfte, allerdings mit einer deutlichen politischen und sozialkritischen Stoßrichtung. In der ästhetischen Tradition des Erhabenen, wie sie vor allem von Edmund Burke und Immanuel Kant grundgelegt wurde, bestimmte Anders „das Erhabene (oder das Übermächtige oder Erschreckende) selbst (als) das Schöne, sofern es auf die Ausübung seiner Übermacht verzichtet, sich also auf Distanz hält." (Anders 1984, 87) Anders verzichtet aber im Gegensatz zu Burke oder Kant auf eine strenge Differenzierung zwischen dem wohlgefälligen Schönen und dem gefährlichen Erhabenen. Die Bedrohung aus der Distanz, die Möglichkeit des Gefährlichen war für ihn die entscheidende Wurzel der Wahrnehmung des Schönen. Dort, wo das Übermächtige darauf verzichtet, den Menschen Gewalt anzutun, ist der Boden für die ästhetische Erfahrung des Schönen bereitet: „Wo aber Distanz ist, da ist Schönheit immer mindestens möglich". (Anders 1984, 93) Distanz, gedacht als eine soziale Differenz, wird zur Conditio sine qua non von Schönheit. (Liessmann 1991, 229ff.)

Diese Distanz, die eine Grundbedingung für die Erfahrung des Schönen darstellt, wird von Anders allerdings einer radikalen Kritik unterzogen. Betrachtet man nämlich diese Distanz unter einer gesell-schaftlichen Perspektive, dann bedeutet die Erfahrung des Schönen, gerade noch von der Macht oder Übermacht verschont zu werden. Schönheit ist damit die Erfahrung eines selbst Ohnmächtigen. Schön-heit ist die Wahrnehmung des Übermächtigen durch einen Unfreien, eines Menschen, der gerade noch toleriert wird, der, „solange er leben darf, noch bewundert". Schönheit ist der Glanz der Macht, die Erschei-nungsform von Herrschaft aus der Perspektive des Beherrschten. Nicht zuletzt unter dem Eindruck des Zweiten Weltkrieges und der Gräuel-taten des Nationalsozialismus hat Anders versucht, diesen Schönheits-begriff radikal zu destruieren: „Die Gaskammern haben sich geöffnet und geschlossen. Es gibt Wichtigeres zu tun heute, als die, als ‚schön' dargestellte, Übermacht anzustarren." Der Begriff der Schönheit muss deshalb abgeschafft werden. (Anders 1984, 88f.)

Den Zusammenhang zwischen Schönheit und ihren archaischen Wurzeln im Schrecklichen hat auch Theodor W. Adorno (1903–1969) in seiner „Ästhetischen Theorie" zum Ausgangspunkt seiner Reflexion über das Schöne gemacht. Das Schreckliche ist allerdings im Gegensatz zu Günther Anders nicht als das politisch Übermächtige, sondern als das Übermächtige der Natur gedacht, das durch seine Reduzierung auf das Schöne gebannt werden soll. Wohl erhebt sich das Schöne über das Schreckliche, dem es entsprang, es bleibt diesem gegenüber aber den-noch etwas „Ohnmächtiges". (Adorno, GS 7, 83) Das Furchtbare, das durch das Schöne gebannt werden soll, ist in diesem stets noch spürbar, nicht zuletzt als der „Zwang, der von der Form ausstrahlt". Dem ent-spricht die ästhetische Erfahrung des „Blendenden". (Adorno, GS 7, 84) Das aber bedeutet für Adorno, dass das Schöne jede Form von Versöh-nung nur als Schein leisten kann, sie also im emphatischen Sinn nicht möglich ist: „Auch um des Schönen willen ist kein Schönes mehr: weil es keines mehr ist." (Adorno, GS 7, 85) Eine Schönheit, die, wie es in den „Minima Moralia" in einer Reflexion über eine schöne Frau heißt, nur ein „Ersatz fürs nicht existente Leben" ist, ohne darüber hinaus-zureichen, verrät sich selbst. Sie hat damit, so Adorno in Anspielung auf Stendhal, das „Glücksversprechen" sich und anderen gegenüber gebrochen. (Adorno, GS 4, 195) Schönheit kann deshalb weder Norm noch Maßstab für die Kunst sein, wohl aber kann sie als uneinlösbares Versprechen zu einem kritischen Korrektiv in einer widersprüchlichen und zerrissenen Welt werden.

Dass das Versprechen der Schönheit ein uneingelöstes ist, dass Schönheit keine Erfüllung, sondern bestenfalls ein Beginnen andeutet, markiert auch den Kern der Überlegungen, die Alexander Nehamas zur Frage des Schönen vorgelegt hat. Schönheit steht immer für etwas Uneingelöstes. Die Freude am Schönen, so Nehamas, ist die Freude einer Vorwegnahme, die Freude einer Imagination, nicht einer Wirklichkeit. Das bedeutet aber auch, dass in dieser Unabgeschlossenheit des Schönen immer auch das Moment einer Gefahr mitschwingt, der wir uns dennoch gerne ausliefern: „Beauty beckons as love impels." (Nehamas 2007, 76) Schönheit ist immer eine Verlockung, eine Verführung, unbekanntes Terrain zu betreten. Das aber bedeutet auch Unsicherheit, Unbestimmtheit, Risiko, und die Gefahr der Enttäuschung. (Nehamas, 2000, 402) Gerade die immer wiederkehrenden Versuche, das Schöne ein für alle Mal festzulegen und zu definieren, bestätigen dies ebenso wie eine Position, die das Schöne auf einen rein subjektiven Eindruck reduzieren und damit zähmen will. Die Idee der Schönheit bleibt auch nach ihrer Destruktion in der Moderne eine Provokation.

4

Das Schöne und die Kunst

Die Vorstellung, dass Kunst schön sein muss und dass das Schö-
ne sich in erster Linie in Kunstwerken realisiert, ist weit verbreitet
und manch ein Vorbehalt gegenüber der modernen Kunst wird
damit begründet, dass jene diesem Anspruch nicht mehr genügen
kann oder will. Tatsächlich aber ist diese Vorstellung nur für eine
kurze Epoche der europäischen Kunst- und Geistesgeschichte gül-
tig. Weder in der Antike noch im Mittelalter, schon gar nicht in der
Moderne wird Kunst an das Schöne gekoppelt, ja, sie kann sogar
durchaus auch hässliche Elemente beinhalten. Wie es um das kom-
plexe und auch komplizierte Verhältnis von Kunst und Schönheit
bestellt ist, welche Interferenzen, aber auch Differenzen sich hier
im Laufe der Zeit beobachten lassen, wird im Folgenden anhand
einiger ausgewählter Fragestellungen exemplarisch dargestellt.

Kunst und Nachahmung

Im Gegensatz zu einem weit verbreiteten Vorurteil war es der europäischen Kunst in den unterschiedlichen Phasen ihrer Entwicklung seit
der Antike nur selten um die Darstellung des Schönen gegangen. Die
in der Moderne mit viel Engagement vorgetragene Kritik an einer auf
Schönheit konzentrierten Kunst, die das Schöne in der Kunst generell
unter Kitschverdacht stellte, die Proklamation der „nicht mehr schönen Künste" (Jauß 1968) im 20. Jahrhundert vergaß, dass das Schöne
eher selten zur Norm und zum Maßstab der künstlerischen Anstrengungen erklärt worden war. Fraglich auch, ob Kunst im allgemeinen
Verständnis schlicht mit Schönheit gleichgesetzt wird, mit „gefälligen
Farben", „geschmeidigen Formen" und „erbaulichen Inhalten", (Seidel
191/2008, 42) und deshalb die Akzeptanz avantgardistischer Kunst, die
sich der Schönheit verweigert, immer wieder auf Schwierigkeiten stößt.
Wohl mag Schönheit nach wie vor zu den Erwartungen gehören, die
man an Kunst richtet, aber diese lassen sich nicht darauf reduzieren.

Kunst und Schönheit stellen so nach wie vor eine „schwierige Liaison" dar. (Seidel 191/2008, 41)

Das hat zwei Gründe. Einmal wurde in der europäischen Tradition das Schöne immer in einem umfassenderen Sinn gedacht, der die Natur genauso einschließen konnte wie das Göttliche, die Schönheit des Menschen genauso erfasste wie die Schönheit der Dinge. Und zum anderen wurde und wird die Kunst in der Regel mit Aufgaben und Intentionen versehen, die über die Hervorbringung und Reproduktion des Schönen weit hinausgehen. Politische, religiöse, erkenntnistheoretische, pädagogische und hedonistische Motive begleiten die Kunstproduktion und die Wahrnehmung von Kunst seit ihrer Entstehung. Die Grenzen zwischen Kunst, Kult, Design, Rhetorik, Werbung und Unterhaltung waren und sind fließend. Nur im Zusammenhang mit einer philosophischen Ästhetik, die sich explizit als eine Theorie des Schönen verstand, wie sie in der Renaissance und dann vor allem im späten 18. und frühen 19. Jahrhundert entwickelt wurde, (Danto 2003, 7) wurden Kunst und Schönheit so zusammengeführt, dass die Kunst auf Schönheit verpflichtet und die Schönheit nur mehr in der Kunst gesehen werden konnte. Man kann diese Position, in der die Kunst als „genuiner Ort der Schönheit" (Pöltner 2008, 69) aufgefasst wird, auch in einem strengen Sinn klassizistisch nennen.

Dort, wo im antiken Denken Ansätze zu einer Theorie der Kunst gesehen werden können, stehen neben dem Schönen allerdings durchaus andere Gesichtspunkte im Vordergrund. Platon etwa behandelt die Kunst eher unter epistemologischen und pädagogischen Gesichtspunkten, seine zentrale Frage war, inwiefern die Kunst als Abbild der flüchtigen Welt des Scheins sich von der Erkenntnis der Ideen eher entfernt denn zu ihr hinführt. Sein berühmter und berüchtigter Vorschlag, die Dichter aus dem idealen Staat zu verbannen, hat seine Wurzel in dieser Skepsis. Platon wollte – wie vor allem das III. Buch der „Politeia" zeigt – letztlich nur solche Künste gelten lassen, die einen pädagogischen Nutzen haben, der Wahrheit dienen oder, wie die Musik, bei jungen Menschen positive Emotionen und Stimmungen verstärken können. (Der Staat 386a–417b; V, 87ff.)

Aristoteles wiederum hat in seiner einflussreichen, wenn auch nur verstümmelt überlieferten „Poetik" die Nachahmung (*mimesis*) zur entscheidenden poetischen Aufgabe erklärt. Inwiefern dies nach Aristoteles für alle Künste zu gelten habe, war und ist umstritten. Aristoteles hat neben der Dichtung auch das Flöten- und Zitherspiel sowie den Tanz als Nachahmung begriffen. (Poetik 1447a; 1994, 5f.) Tatsache ist aber, dass für das Selbstverständnis der Künste bis in das 18. Jahrhundert die Nachahmung der Wirklichkeit, nicht die Hervorbringung des Schönen, eine entscheidende Herausforderung darstellte. Aristoteles selbst hat in der Nachahmung nicht nur eine Wurzel der Kunst gesehen, sondern diese selbst als anthropologische Gegebenheit behauptet. Zweierlei sei dem Menschen nämlich angeboren: die Fähigkeit zur Nachahmung und die Lust an der Nachahmung. Aristoteles' darauf aufbauende Definition der Tragödie hat die Kunsttheorie bis in die Moderne beeinflusst: „Die Tragödie ist Nachahmung einer guten und in sich geschlossenen Handlung von bestimmter Größe, in anziehend geformter Sprache", und zwar nicht als Bericht, sondern selbst als Darstellung einer Handlung. (Poetik 1450a; 1994, 19)

Die Frage der Schönheit spielt in dieser Bestimmung der Tragödie nur insofern eine Rolle, als die formalen Mittel ansprechend und angemessen sein sollen. Ziel ist die Nachahmung von Handlungen und von Menschen, allerdings nicht, wie sie in der Zufälligkeit der Wirklichkeit vorkommen, sondern wie sie sein können. Die Tragödie und wenn wir es verallgemeinern wollen: die Kunst stellt also typische Charaktere und Konfliktsituationen dar, die allerdings nicht am Ideal der Schönheit ausgerichtet sind. Die Aufführung einer Tragödie verschafft deshalb nicht nur jene Freude, die aus der Lust an Nachahmungen entsteht, sondern sie soll beim Betrachter Jammer und Schauder – oder, nach älteren Übersetzungen: Furcht und Mitleid – auslösen (*eleos* und *phobos*) und damit eine reinigende Wirkung (*katharsis*) ausüben, wobei es bis heute umstritten ist, ob die Seele des Menschen *durch* diese Affekte oder *von* diesen Affekten gereinigt werden soll. Wie auch immer die historisch bedingten Deutungen dieser kathartischen Effekte aussehen mögen: Aristoteles war es um eine Wirkungsästhetik gegangen, die starke Affekte zeigen und auslösen sollte. Schönheit war dabei weder das Medium noch das Ziel der künstlerischen Anstrengung.

Wie sehr die Idee der Nachahmung die antike Kunstpraxis bestimmte, zeigt die immer wieder kolportierte Legende vom Wettstreit zwischen den berühmtesten Malern der Antike, Zeuxis und Parrhasios. In seiner „Naturalis Historia" berichtet Plinius der Ältere (23–79), wie es dem berühmten Maler Zeuxis gelungen war, Trauben so wirklichkeitsgetreu darzustellen, dass Vögel auf das Gemälde zuflogen und versuchten, die Trauben zu picken. Der Maler hatte durch die Kunst seiner Darstellung die Tiere getäuscht. Daraufhin sei Zeuxis von seinem Konkurrenten Parrhasios in dessen Atelier eingeladen worden, um sich zu überzeugen, dass auch Parrhasios diese Kunst beherrsche. Voll Ungeduld bittet Zeuxis nach Betreten der Werkstatt Parrhasios, doch endlich den Vorhang wegzugeben, um das Bild betrachten zu können. Doch siehe, der Vorhang war gemalt. Zeuxis musste neidlos anerkennen, dass Parrhasios der größere Maler sei – denn er selbst hatte nur Vögel getäuscht, dieser aber einen Menschen, noch dazu einen Künstler. (Plinius 1993, 65)

Die schönen Künste

Nicht Schönheit, wohl aber die Natur und die Möglichkeiten ihrer Nachahmung waren so seit der Antike ein beherrschendes Thema vor allem der bildenden Künste. Die „Große Theorie", die die idealen Maßverhältnisse des Schönen festlegte, fand wohl Eingang in die künstlerische Praxis – in die Harmonielehren der Musik, in die komplizierten Maßverhältnisse des „Goldenen Schnitts" und vor allem, kanonisch festgelegt durch Vitruv, in die Architektur –, aber die Künste waren in mannigfache Aufgaben und Interessen eingebunden. Auch im Mittelalter wurde Kunst weder als „schöne Kunst" begriffen noch Schönheit als Ziel künstlerischer Hervorbringung gefordert. (Pöltner 2008, 69) Der mittelalterliche Künstler galt eher als Handwerker, der sich auf sein Metier verstand, dessen Techniken beherrschte und damit die Interessen der Auftraggeber, vor allem der Kirche, bedienen konnte, aber nicht als kreativ hervorbringendes Individuum. Die Interessen der Auftraggeber aber zielten nicht auf Schönheit ab, sondern galten religiösen oder politischen Zielen. Die Schöpfer der bedeutendsten mittelalterlichen Bauwerke, Altäre und Gemälde sind deshalb meist anonym geblieben, entscheidend für die Bewertung ihrer Kunst war weniger deren Individualität oder gar Originalität, sondern deren sachgemäße Umsetzung eines theologischen oder politischen Programms. Wohl kannte die mittelalterliche Theologie Schönheit als Ausdruck des Göttlichen, die Kunst selbst aber hatte darüber hinaus jene Motive aus der Geschichte der Christenheit zu behandeln, die auch die Darstellung von Grausamkeit, Leid, Krankheit und Elend beinhaltete. Noch G. W. F. Hegel (1770–1831) wird in seinen „Vorlesungen über die Ästhetik" festhalten, dass sich Christus, „gegeißelt, mit der Dornenkrone, das Kreuz zum Richtplatz tragend, ans Kreuz geheftet, in der

Qual eines martervollen, langsamen Todes hinsterbend", nicht „in den Formen der griechischen Schönheit" darstellen lässt. Ganz im Gegenteil: Die Kunst hat hier die Aufgabe, die „ganze Schärfe der Dissonanz des Leidens" zum Ausdruck zu bringen. (Hegel 1970, II, 152f.) Von den Teufelsfratzen an gotischen Kathedralen bis zu den Darstellungen der Hölle und des Jüngsten Gerichts, von den Martyrien der Heiligen bis zu den Strafen für die Sünder ist die christliche Kunst auch eine Quelle für nahezu alle Varianten des Grausamen, Furchtbaren und Hässlichen, ein wahres „Universum der Schrecken". (Eco 2007, 72ff.)

Erst die Künstler der Renaissance wie Michelangelo (1475–1564) oder Leonardo da Vinci (1452–1519) emanzipierten sich und damit auch die Idee der Schönheit aus solchen theologisch-politischen Programmen. Nun begreift sich der Künstler wirklich als Schöpfer, als Creator einer eigenen Welt, in dieser Hinsicht durchaus gottähnlich. Der Maler, so schreibt Leonardo da Vinci in seinem „Trattato della Pittura", ist „Herr und Gott" über die Dinge, Schönheiten kann er ebenso erschaffen wie Entsetzliches oder Komisches, je nach Lust und Laune. (Zit. nach Eberle 1986, 58f.) Erst jetzt, erst seit der Renaissance, wird die Kunst, vornehmlich die bildende Kunst, zu jenem Ort, an dem die Schönheit in ausgezeichneter Weise in Erscheinung treten kann. Die Schönheit wird zum „Kunstideal", ein Konzept, das allerdings erst im deutschen Idealismus seinen Höhepunkt erreicht. (Perpeet 1997, 10f.) Das heißt nicht, dass alle Kunst schön sein muss, aber es heißt sehr wohl, dass außerhalb der Kunst die Schönheit ihren Platz verloren hat. Nur noch in der Kunst, nicht mehr in der Natur oder im Leben, ist die Schönheit in ihrer Idealität zu gewinnen. Das Kunstschöne überbietet das Naturschöne, die Natur hört auf, unerreichtes Vorbild zu sein, nun geben die Kunst und die an ihr erlernten Sehweisen überhaupt erst den Blick auf die Natur frei. Die schöne „Landschaft", so könnte man sagen, ist eine Erfindung der Malerei. (Eberle 1986, 51ff.) In der Natur gibt es nur Wälder, Wiesen, Äcker, Bäume und Berge. Zu einem Ensemble, das wir in seiner Gesamtheit als stimmig und schön empfinden, wird die Natur erst für einen ästhetisch geschulten Blick.

Als Konsequenz des neuen künstlerischen Selbstbewusstseins entwickelten sich im Lauf des 18. Jahrhunderts die so genannten „schönen Künste". Es war im Wesentlichen der französische Philosoph und Ästhetiker Charles Batteux (1713–1780), der in Abgrenzung zu den mittelalterlichen *artes liberales* (den Wissenschaften) und den *artes vulgares* (den Handwerkskünsten) die *beaux arts*, die schönen Künste proklamierte, als da waren: Malerei, Bildhauerei, Musik, Dichtung, Tanz sowie Architektur und Rhetorik. Aber auch für Batteux blieb das Prinzip der Nachahmung für alle Künste gültig. (Batteux 1769, 16ff.) Das systematische Nachdenken über die Künste überantwortete Batteux übrigens den „schönen Wissenschaften". Aus diesen „schönen Wissenschaften", den „belles-lettres", haben sich allerdings etymologisch dann nicht die Kunst- und Geisteswissenschaften entwickelt, sondern die Belletristik: die bis heute so genannte „schöne Literatur". Erst das 18. Jahrhundert befreite also die Künste endgültig aus einem oszillierenden Dasein zwischen Handwerk und Wissenschaft und gab ihnen einen eigenen Status. Diese Entwicklung führte nahezu zwangsläufig zu einer permanenten Auseinandersetzung um die Grenzen der Kunst. Batteux' System der sieben Künste stieß bald auf lebhaften Widerspruch, wurde erweitert, modifiziert, auch verworfen.

Den Zusammenhang von Kunst, Schönheit und Erkenntnis hat ebenfalls Mitte des 18. Jahrhunderts Alexander Gottlieb Baumgarten (1714–1762), der als der eigentliche Begründer der philosophischen Disziplin der Ästhetik gilt, in einer umfangreichen Abhandlung dargelegt. Baumgarten ging es allerdings in erster Linie um die Rehabilitierung und Systematisierung der Erkenntnismöglichkeiten durch die Sinne. Baumgarten beginnt dann auch seine Abhandlung mit einem Abschnitt über die *pulcritudo cognitionis*, die Schönheit der Erkenntnis. Der Zweck der Ästhetik als Wissenschaft ist für Baumgarten „die Vollkommenheit der sinnlichen Erkenntnis". Dies aber ist die Schönheit. (Baumgarten 2007, I, 20) Allerdings bekommt in diesem Zusammenhang die künstlerische Hervorbringung des Schönen eine besondere Bedeutung, denn diese erst durch die Kunst hervorgebrachte Schönheit stellt auch die vollkommenste Form der sinnlichen Erkenntnis dar. Die Bestimmung von Kunst als die freie Hervorbringung und Darstellung des Schönen, die seit dem 18. Jahrhundert geläufig war, ist deshalb immer auch in Hinblick auf die damit verbundene Erkenntnisleistung zu sehen, auch wenn in der Suche nach dem Schönen diesem Aspekt nicht immer jene Bedeutung zukam, die die Ästhetik des Rationalismus ihr zugeschrieben hatte.

Das klassizistische Ideal

Die Vorstellung, dass das Schöne nur in der Kunst ihren Ausdruck finden kann und dass die Kunst keine andere Aufgabe habe, als das Schöne darzustellen, dominierte allerdings in hohem Maße das ästhetische Denken an der Wende vom 18. zum 19. Jahrhundert. Grundlegend für diese Konzeption war die erste Schrift von Johann Joachim Winckelmann (1717–1768), veröffentlicht 1755: „Gedanken über die Nachahmung der griechischen Werke in der Malerei und Bildhauerkunst". Winckelmann erblickte in den Plastiken der Antike jene „edle Einfalt" und „stille Größe", die er zur Norm für die Darstellung des Schönen überhaupt erheben wollte. (Winckelmann 1982, 17f.) In Winckelmanns Perspektive war vor allem die griechische Antike eine der Schönheit verpflichtete Kultur gewesen, nicht nur in der Kunst, auch im Alltag, in der Bildung, im Sport sah er die Ideale der körperlichen und geistigen Schönheit verwirklicht. Der Kunst seiner Zeit konnte Winckelmann deshalb die Aufgabe zuerkennen, sich an diesem Modell zu orientieren und sich die antiken Bauten und Skulpturen zum Vorbild zu nehmen: „Der einzige Weg für uns, groß, ja, wenn es möglich ist, unnachahmlich zu werden, ist die Nachahmung der Alten …" (Winckelmann 1982, 2)

In dieser Perspektive wird Kunst tatsächlich zur Nachahmung des Schönen, wobei dieses selbst in der antiken Kunst seine ideale Gestalt schon gefunden hat. Winckelmann hatte dabei allerdings, verführt auch durch den glatten Marmor der antiken Skulpturen, den Alten ein Schönheitsideal unterstellt, das eher seinen Sehnsüchten als der historischen Realität entsprach. Wohl hatte Winckelmann geahnt, dass die antiken Bildhauer ihre Skulpturen bemalt haben könnten und ihnen dadurch eine Lebendigkeit und Buntheit zugekommen sein mochte, die einen ganz anderen Eindruck als den der „stillen Größe" hinterlassen hätte, aber er wollte und konnte dies nicht zur Kenntnis nehmen. In seinem Hauptwerk, der „Geschichte der Kunst des Altertums" von 1764 noch schrieb Winckelmann, dass ein schöner Körper desto schöner sein wird, je weißer er ist, und erhob damit die unbemalte, weiße Marmorskulptur zum Schönheitsideal der Antike. (Winckelmann 1982, 194)

Mittlerweile wissen wir, dass die antiken Skulpturen in ihrer ursprünglichen Form keineswegs diesem Ideal entsprochen hatten. (Brinkmann/Wünsche 2004) Möglich, dass Winckelmann und seine

Anhänger die Buntheit und Farbigkeit der antiken Skulpturen und
Tempel auch deshalb nicht wahrhaben wollten, da es ihnen letztlich
um eine Idee des Schönen ging, die nur durch eine radikale Reduktion
unmittelbar sinnlicher Eindrücke realisierbar schien. (Macho 2007,
123ff.) Die großen Bildhauer des Klassizismus wie Antonio Canova
(1757–1822) und sein Schüler Bertel Thorvaldsen (1770–1844) orientierten sich jedenfalls am weißen, glatten Marmor. Durch diesen mehr
oder weniger gewollten Irrtum Winckelmanns war das ästhetische
Ideal der klassizistischen Kunst einerseits deutlich eingeschränkt, andererseits dominiert die Vorstellung, dass Farbigkeit und Buntheit Ausdruck eines eher kindlichen oder primitiven ästhetischen Geschmacks
sind, die Kunst der Moderne auch noch weit jenseits des klassizistischen Ideals, und dies so sehr, dass man geradezu von einer Farbangst,
von einer „Chromophobie" der Moderne sprechen kann. (Batchelor
2002)

Einen anderen Ansatz, die künstlerische Praxis normativ auf das
Schöne zu verpflichten, hatte wenige Jahrzehnte nach Winckelmann
der heute nahezu vergessene Romancier, Ästhetiker und Psychologe
Karl Philipp Moritz (1756–1793) versucht. In dem bedeutenden Auf-
satz „Über die Bildende Nachahmung des Schönen" aus dem Jahre
1788 hatte Moritz das Schöne nicht dem Hässlichen, sondern dem
Nützlichen entgegengestellt. Das Schöne ist dadurch gekennzeichnet,
dass es „nicht nützlich zu sein braucht". (Moritz 1981, II, 557) In aller
Schärfe wird hier eine Konzeption des Schönen vertreten, die diese
vor allem von der profanen Welt der Nützlichkeit abgrenzt. Das heißt
nicht, dass das Schöne nicht auch brauchbar sein kann; das heißt auch
nicht, dass das Nützliche nicht auch schön sein kann. Das heißt nur,
dass zwischen Schönheit und Nützlichkeit, dass zwischen dem Ästhetischen in seinem Eigensinn und der Welt der Zwecke und der Ziele
keine wie immer geartete konditionale Beziehung und daraus abgelei-
tete Konsequenzen gedacht werden können. Für Moritz bedeutet dies
letztlich, dass das Schöne nicht erkannt werden kann, es kann nur um
seiner selbst willen „empfunden" oder „hervorgebracht" werden. (Moritz 1981, II, 571) Das Schöne ist also kein Gegenstand einer erken-
nenden Reflexion, sondern einer eigenständigen Empfindungsfähig-
keit des Menschen, da die Natur des Schönen eben darin besteht, die
Grenzen des Verstandes, der Denkkraft zu überschreiten. Das Schöne
ist schön, gerade weil die Denkkraft nicht mehr fragen kann, warum es
schön sei. (Moritz 1973, II, 564)

Moritz hat versucht, das Schöne für die Kunst zu retten, ohne es normativ zu formulieren oder einem Nutzen zu unterwerfen. Das Schöne ist das, was um seiner selbst willen Beachtung und Bewunderung verdient und vor dem alles andere erblassen muss, es ist allein durch seine Vollkommenheit in seinem Sein gerechtfertigt und bedarf keiner weiteren Begründungen, Legitimationen oder Verwendungen: „Und von sterblichen Lippen läßt sich kein erhabneres Wort vom Schönen sagen als: *es ist!*" (Moritz 1981, II, 578)

Das Scheinen der Idee

Die Bedeutung der Schönheit steht auch im Zentrum des nur wenige Seiten umfassenden, etwas missverständlich so genannten „Ältesten Systemprogramm des deutschen Idealismus", einem erst 1913 entdeckten Fragment aus dem Jahre 1797, als dessen Verfasser sowohl G. W. F. Hegel als auch F. W. J. Schelling (1775–1854) oder Friedrich Hölderlin (1770–1843) infrage kommen. Vordergründig wird hier noch ein letztes Mal die klassische Einheit des Wahren, Guten und Schönen beschworen, aber gleichzeitig auch schon aufgebrochen. Wahrheit und Güte, so heißt es in diesem Text, sind „nur in der Schönheit verschwistert", und der höchste „Akt der Vernunft" kann nur ein „ästhetischer Akt" sein. Unter diesem ästhetischen Akt wird aber weniger eine Orientierung an klassischen Schönheitsidealen verstanden als vielmehr die romantische Vorstellung, dass das Denken selbst „poetisch" werden müsse. Nur dann könnte die Kluft zwischen Vernunft und Sinnlichkeit, zwischen Verstand und Phantasie überbrückt werden, das Leben und die Wissenschaften sollten gleichermaßen poetisiert werden. „Aufgeklärte und Unaufgeklärte" sollten sich die Hand reichen, vor allem aber sollte die Mythologie philosophisch, das Volk vernünftig und Philosophie mythologisch werden, um in dieser neuen Einheit von Vernunft und Sinnlichkeit auch die politische Freiheit garantieren zu können. (Hegel 1971, I, 243ff.) Das Ästhetische und die Schönheit werden nicht mehr auf die Kunst beschränkt, sondern als umfassendes gesellschaftspolitisches Programm verstanden. Diese Forderung nach einer „neuen Mythologie" (Frank 1982) ließ sich praktisch wohl nicht durchsetzen, der Gedanke an die Ästhetisierung der Welt bestimmt aber das romantische Denken in hohem Maße und führt zu einer radikalen Aus-, ja Überdehnung des Begriffs des Ästhetischen.

In seiner später entwickelten und in mehreren Vorlesungen vorgetragenen „Ästhetik" hat Hegel selbst diesen Anspruch dann auch einigermaßen zurückgeschraubt. Trotzdem ist Hegels Ästhetik der vielleicht letzte große Versuch, das Schöne, die Kunst und den Anspruch auf Wahrheit systematisch zusammenzuführen, allerdings mit großen, geschichtsphilosophisch motivierten Abstrichen.

Das Schöne ist für Hegel ein Moment des Geistes. Das, was wir in der Natur und an den Dingen als schön wahrnehmen, ist nichts anderes als der Reflex des Geistes, keine Eigenschaft, die den Dingen der Natur als solche zukäme. Der eigentliche Ort des Schönen ist bei Hegel ausschließlich die Kunst, in seiner Ästhetik ist die Einheit von Kunst und Schönheit vielleicht am konsequentesten formuliert: „Denn die Kunstschönheit ist die *aus dem Geiste geborene und wiedergeborene Schönheit.*" (Hegel 1970, I, 14) Kunst ist damit weder der Natur noch den Sinnen assoziiert, sondern dem Geist und damit dem Anspruch auf Wahrhaftigkeit und Wahrheit. Schönheit aber ist nichts anderes als die im Kunstwerk zur Darstellung gebrachte Wahrheit in ihrer Erscheinung.

Der Vorzug der Kunst – sich im Bereich der Sinne zu bewegen – ist aber auch ihr Nachteil. „Denn das Schöne hat sein Leben an dem *Scheine.*" (Hegel 1970, 17) Der Schein kann aber immer auch eine Täuschung sein, eine Fiktion, eine Illusion. Allerdings behauptet Hegel: „Der *Schein* selbst ist dem *Wesen* wesentlich, die Wahrheit wäre nicht, wenn sie nicht schiene und erschiene." (Hegel 1970, 21) Gegenüber der erscheinenden Wirklichkeit, die für den Idealisten Hegel immer mit dem Makel der Flüchtigkeit und Unwesentlichkeit behaftet sein wird, hat der Schein, den die Kunst erzeugt, also das Schöne, den Vorteil, ein Schein zweiter Potenz zu sein, der imstande ist, jenseits der Zufälligkeit der Erfahrungen das Substanzielle zum Erscheinen zu bringen. Im gestalteten Schönen entbirgt sich eine höhere Realität und ein wahrhaftigeres Dasein. Der ästhetische Schein, durch den sich das Kunstwerk auszeichnet, ist selbst notwendiges Moment jener Wahrheit, die es zum Ausdruck bringen soll. Aber eben nur: ein Moment. Denn seiner wesentlichen Bestimmung nach ist der Geist selbst unsinnlich, unkörperlich. Deshalb muss, bei aller Wertschätzung der Schönheit als Erscheinungsform von Wahrheit, Hegel daran erinnern, dass die Kunst weder dem Inhalte noch der Form nach die höchste Weise sei, in der der Geist sich seiner selbst bewusst werden kann. Dies ist letztlich Aufgabe der Philosophie. Hegels berüchtigte These vom „Ende der Kunst" meint so eigentlich, dass die Kunst gemessen an den Wahrheitsansprüchen einer modernen Zeit, etwas Unangemessenes geworden sei. In einer wissenschaftlich gewordenen Welt hat das Schöne nicht mehr die Kraft, die Wahrheit angemessen zur Erscheinung zu bringen.

[handschriftliche Notiz: z.b. Goethe & Newton "poetisch wissenschaftlich/analytisch]

Die nicht mehr schönen Künste

Die Auseinandersetzung um die Bedeutung des Hässlichen in der Kunst ist alt. So hatte Gotthold Ephraim Lessing (1729–1781), der um die Faszinationskraft des Hässlichen wusste, dieses nur dem Dichter zugestanden, da das Wort – im Gegensatz zu einem Bild oder einer Plastik – den abstoßenden Eindruck des Hässlichen abmildern könne. (Lessing 1996, VI, 148ff.) Aber schon Friedrich Schlegel klagte, dass es noch nicht gelungen sei, eine „Theorie des Hässlichen" zu entwickeln, obgleich das Schöne und das Hässliche „unzertrennliche Korrelate" seien. (Schlegel 1988, I, 113) Das von Friedrich Schlegel eingemahnte Desiderat einer Theorie des Hässlichen konnte erst im 19. Jahrhundert bearbeitet werden. Wenn auch nicht als einziger Versuch, so kann doch die „Ästhetik des Hässlichen", die der Hegel-Schüler Karl Rosenkranz (1805–1879) im Jahre 1853 veröffentlichte, dafür als paradigmatisch gewertet werden. Rosenkranz' Unterfangen einer systematischen Entfaltung der Kategorie des Hässlichen steht allerdings bis heute unter dem Verdikt, dass seine große Nähe zu Hegel nicht nur die dialektisch-triadische Struktur seiner Analyse des Hässlichen ungebührlich dominiert, sondern dass er, weil Hegelianer, das Hässliche wiederum nur als abhängig vom Schönen, als „Negativ-Schönes" denken konnte und ihm deshalb gerade nicht jene Eigenständigkeit zuweisen konnte, die der Titel versprach. (Majetschak 2007, 90) Auf der anderen Seite war Rosenkranz von seinem Gegenstand zweifellos so fasziniert, dass er sich wohl der Form nach einer hegelianisierenden Systematik befleißigt, der Sache nach allerdings das Hässliche in einer Weise in den Vordergrund schiebt, dass es seine postulierte Abhängigkeit vom Schönen nahezu vergessen lässt. (Liessmann 2000, 174ff.)

Rosenkranz behauptete drei grundsätzliche Erscheinungsformen des Hässlichen: Das „Naturhässliche", das „Geisthässliche", also die Hässlichkeit des Menschen, und das „Kunsthässliche". Hier interessiert uns in erster Linie das „Kunsthässliche". Auch Rosenkranz stellt sich die Frage, ob Kunstwerke als Produkte des menschlichen Geistes überhaupt hässlich sein können, zumal das Hässliche als Kontrastmittel zur Komposition des Schönen gehören könnte. Er stellt deshalb auch fest, dass nur als Isoliertes, das um seiner selbst willen dargestellt wird, das Hässliche in der Kunst überhaupt als Hässliches erscheint. Aber es kann sogar als Hässliches gefallen, denn es gibt, so Rosenkranz, ein „Wohlgefallen am Hässlichen", auch wenn er dieses „krankhaft" nennt und nur einem „verderbten" Zeitalter zugesteht. (Rosenkranz 1979, 52)

Die Vorstellung, dass die Kunst seit dem 19. Jahrhundert der Schönheit verpflichtet gewesen wäre, erweist sich also als irrig. (Klemmer 2006) Was bei den Romantikern und Rosenkranz noch kritisch gelesen werden kann, wird spätestens bei Friedrich Nietzsche programmatisch: Die Betonung des Hässlichen als ästhetische Kraft, die mitunter stärker ist als das Schöne. In der „Geburt der Tragödie aus dem Geiste der Musik" hält er fest, dass schon für den „tragischen Mythus" der Griechen das „Hässliche und Disharmonische ein künstlerisches Spiel" ist, welches der Wille, in der „ewigen Fülle seiner Lust", gleichsam mit sich selbst spielt. Nietzsche vergleicht diese Lust am Hässlichen mit der Lust, die man beim Hören von dissonanter Musik gewinnen kann: Es geht darum, eine Spannung auszuhalten. (KSA 1, 152) Um der Langeweile zu entgehen, sucht der Mensch diese Spannung, sucht das Laute und Abstoßende, das Plötzliche und das Erschreckende: „Alles was aufregt, ist angenehm". (KSA 8, 432) Seitdem kann keine Kunst ohne diese Aufregungen leben.

Der Schönheitsdienst des *Fin de Siècle*

Eine letzte radikale Engführung des Schönen mit der Kunst ließe sich allenfalls für den *Ästhetizismus* des *Fin de Siècle* behaupten. Wie nie zuvor wurde in dieser Epoche die Kunst auf die Schönheit verpflichtet, der Künstler zum „Schönheitsdienst" (Benjamin 1979, 16f.) angehalten und das Leben selbst als ein Kunstwerk begriffen, das sich den Kriterien des Schönen zu unterwerfen hatte. Das Schöne selbst wurde dabei allerdings nicht unbedingt als Moment der Vitalität, sondern eher der Krankheit und dem Tod verschwistert gesehen und erinnert damit an eine spätromantische Konzeption, die geradezu programmatisch in dem 1825 erstmals veröffentlichten Gedicht „Tristan" von August Graf von Platen (1796–1835) formuliert worden war: „Wer die Schönheit angeschaut mit Augen, / Ist dem Tode schon anheim gegeben, / Wird für keinen Dienst auf Erden taugen, / Und doch wird er vor dem Tode beben, / Wer die Schönheit angeschaut mit Augen". (Platen I, 79) In diesen Konzeptionen sind das Verlangen nach Schönheit und die Lust an der Morbidität nicht zu trennen, eine schwüle Todessehnsucht, für die auch Richard Wagners (1813–1883) Musikdrama „Tristan und Isolde" exemplarisch wurde, kennzeichnet diese Kunst, und „Morbidezza" wurde zu einer zentralen ästhetischen Kategorie, die bis weit ins 20. Jahrhundert hinein wirken sollte. (Brin 1986)

Exemplarisch für den Ästhetizismus des Fin de Siècle mögen einige jener Aphorismen stehen, die der exzentrische Dandy Oscar Wilde (1854–1900) nach der skandalumwitterten ersten Veröffentlichung seines Romans „Das Bildnis des Dorian Gray" im Jahre 1890 diesem später als „Vorwort" beigegeben hatte: „Der Künstler ist der Schöpfer schöner Dinge […] Wer in schönen Dingen einen schönen Sinn entdeckt, hat Kultur. Für ihn ist Hoffnung. Das sind die Auserwählten, denen schöne Dinge nichts bedeuten als Schönheit […] Alle Kunst ist völlig nutzlos." (Wilde 1977, I, 157f.) Der Schönheitskult dieser Epoche konnte sich einerseits auf Nietzsches Wort, nach dem das Dasein einzig ästhetisch gerechtfertigt sei, beziehen und zum anderen genau dadurch aber jener von Nietzsche konstatierten und kritisierten Dekadenz verfallen, die Schönheit nicht nur in der Kunst als Verfeinerung, Lebensferne, Exzentrizität und Morbidität begreifen wollte. Hugo von Hofmannsthal (1874–1929) hat dann auch in seinem lyrischen Drama „Der Tod des Tizian" den Bezirk der Kunst, in dem die Gesetze der Schönheit gelten, von jener dumpfen Welt geschieden, die durch die Profanität des Alltags gekennzeichnet ist: „Und was die Ferne weise dir verhüllt, / Ist ekelhaft und trüb und schal erfüllt / Von Wesen, die die Schönheit nicht erkennen …" (Hofmannsthal 1979, 253) Vor allem im Kreis um Stefan George (1868–1933) hat sich dieser Schönheitskult und die damit verbundene esoterische Haltung dann auch in einer Weise inszeniert, die durchaus unangenehme elitäre Ausmaße angenommen hatte. So wundert es wenig, dass dieser Schönheitsbegriff als „ästhetischer Fundamentalismus" einer sozialpolitisch inspirierten Kritik unterzogen wurde. (Breuer 1995)

Verdammung und Wiederkehr des Schönen

Die Kunst des 20. Jahrhunderts hat dann allerdings vehement gegen die Verpflichtung auf Schönheit opponiert. Allerdings meinte dies nicht immer eine radikale Absage an die Idee des Schönen, sondern oft war damit nur der Anspruch verbunden, das als bürgerlich und konservativ erachtete klassizistische Schönheitsideal durch zeitgemäße, moderne Konzeptionen des Schönen zu ersetzen. Berühmt geworden ist ein Passus des 1909 veröffentlichten „Manifest des Futurismus" von Filippo Tommaso Marinetti (1876–1944), in dem es heißt: „Wir erklären, dass sich die Herrlichkeit der Welt um eine neue Schönheit bereichert hat: die Schönheit der Geschwindigkeit. Ein Rennwagen ist schöner als die *Nike von Samothrake.*" (Marinetti 1998, 185)

Generell aber setzte sich der Gedanke durch, dass es der Kunst um etwas anderes gehen sollte als um die Hervorbringung oder Darstellung des Schönen. Entweder sah sich diese Kunst in einer politisch-aufklärerischen Position, die gerade jene hässlichen Wahrheiten zur Sprache bringen wollte, deren Überblendung Nietzsche einst von der Kunst verlangt hatte; oder die Kunst begriff sich zunehmend als Reflexion ihrer eigenen Formen und Bedingungen, beschäftigte sich mit ihren Traditionen, Materialien und Verfahren, ohne dass dies noch auf eine übergeordnete Idee wie der des Schönen bezogen gewesen wäre. Avanciert im ersten Fall der Begriff des Engagements zum zentralen Imperativ der Kunst, wie ihn etwa Jean-Paul Sartre (1905–1980) formuliert hat, (Sartre 1981) so dominieren im zweiten Fall Konzepte wie die Reflexion der Form oder Erweiterung der Wahrnehmungs- und Interpretationsweisen. (Eco 1977)

Kunst will in gesellschaftliche Prozesse aufklärend oder irritierend eingreifen, gleichzeitig aber auch sich ihrer ästhetischen und technischen Möglichkeiten vergewissern und diese ausdehnen, sich letztlich überhaupt aus den eng definierten Bezirken der Hochkultur befreien und dadurch entgrenzen. Der ästhetisch erzeugte Wahrnehmungsschock und der politisch-moralische Skandal werden zu den entscheidenden Strategien, das Schöne spielt bestenfalls als Gegenstand der Kritik noch eine Rolle. Die Tatsache, dass sich im 20. Jahrhundert allenfalls die totalitären Systeme wie der Nationalsozialismus oder der Stalinismus an den klassischen Idealen des Schönen orientiert hatten, hat die Skepsis der Moderne gegenüber dem Schönen in der Kunst wohl noch verstärkt. Wenn Schönheit für die Darstellung der völkischen Ideologie der Nationalsozialisten oder, wie im Konzept des „sozialistischen Realismus", zur Verklärung stalinistischer Herrschaftsansprüche missbraucht werden konnte, musste sie für eine demokratische Kunst radikal an Bedeutung verlieren. Der amerikanische Philosoph und Kunstkritiker Arthur C. Danto (geb. 1924) bündelte diese skeptischen Vorbehalte gegenüber einer an der Schönheit orientierten Kunst in folgendem Satz: „Beauty is not always right." (Danto 2003, 112) Vor allem unter politisch-moralischen Gesichtspunkten scheint eine an Schönheit orientierte Kunst geradezu ein Verrat zu sein, eine Lüge gegenüber einer Welt, die alles andere als schön ist. Theodor W. Adornos viel diskutierte und auch missverständliche These, dass es barbarisch sei, nach Auschwitz noch Gedichte zu schreiben, (Adorno GS 10/1, 30) zehrt ebenfalls von diesem Vorbehalt gegenüber dem Schönen. Die Hamburger Philosophin Birgit Recki (geb. 1954) hat diese Position prägnant zusammengefasst: „Schönheit hat keinen legitimen Ort mehr in der harten und rohen Welt, wie sie heute ist, denn diese Welt verdient keine Schönheit." (Recki 2007, 179) Insofern es einer künstlerischen Wahrheit um die angemessene Darstellung der Welt geht, hat Schönheit auch in der Kunst keinen Platz.

Radikal äußert sich diese Kritik am Schönen in der Auseinandersetzung mit dem so genannten „Kitsch". Kitsch, so legt es zumindest eine etymologische Deutung dieses auch in seiner Genese umstrittenen Begriffs nahe, ist die in einer besonderen Weise trivial gewordene *Kunst*, eine Kunst, die zugänglich und zudringlich geworden ist. (Dettmar/Küpper 2007, 94ff.) Die leichte, massenhafte Herstellung und der billige Vertrieb definieren so die eine, die äußere Seite des Kitsches. Die andere, die innere Seite hat vielleicht am prägnantesten Theodor W. Adorno benannt: Kitsch ist die „Vortäuschung nicht vorhandener Gefühle". (Adorno GS 7, 466) Alle Kritik am Kitsch entzündet sich dann auch am lügenhaften Charakter desselben, daran, dass der Konsument durch die Vorspiegelung von Kunst, wo nur das plakativ oder vermeintlich Schöne zu finden ist, durch die Vortäuschung von Erschütterung, wo nur ein falsches Sentiment erzeugt wird, betrogen wird. (Liessmann 2002, 11ff.) Schon in den 30er-Jahren hatte der amerikanische Kunstkritiker Clement Greenberg (1909–1994) den Kitsch als den „Inbegriff alles Unechten im Leben unserer Zeit" bezeichnet. (Greenberg 1997, 40) Und Hermann Broch (1896–1951) nannte den Kitsch-Menschen überhaupt einen „ethisch Verworfenen", einen „Verbrecher, der das radikal Böse will". (Broch 1955, 348) Und in seinem vielfach aufge-

legten Longseller „Kitsch, Konvention und Kunst", erstmals 1957 erschienen, bezeichnete Karlheinz Deschner (geb. 1924) den Kitsch gar
als „die mörderischste Droge der Welt". (Deschner 1991, 24)

Nun: Diese radikale Kritik am Kitsch ist mittlerweile verstummt,
und seit die Kunst der Postmoderne den Kitsch und seine Schönheiten
wiederentdeckt hat, ist die Formensprache des Kitsches auch in den
Galerien und Museen zu bewundern. Spätestens seit Jeff Koons (geb.
1955) und Pierre & Gilles (Pierre Commoy, geb. 1950, und Gilles Blan-
chard, geb. 1953) weiß man, dass der Kitsch selbst ästhetische Avantgarde werden kann. Seit es *Kitsch-Art* gibt, wird auch das Phänomen
des Kitsches im Alltag neu bewertet, er bildet nun keine abstoßende,
sondern eine „faszinierende Welt". (Belting 1995, 83) Das bedeutet
aber auch eine Rehabilitierung des Schönen in der Kunst, denn Kitsch-
Art spielt bewusst sowohl mit den klassizistischen Schönheitsidealen
als auch mit dem Massengeschmack des Schönen. Kitsch wird zum
ästhetischen Wert dann, wenn es ihm gelingt, sich mit kindlicher Un-
schuld zu paaren. „Kitschkunst entführt die Betrachterinnen und Betrachter mit einem Augenzwinkern wieder in die Welt der Kindheit."
(Fuller 1992, 28)

Gegen die Verbannung des Schönen aus der Kunst der Gegenwart
regt sich mittlerweile also Widerstand. Nicht nur greifen spätestens seit
der so genannten Postmoderne bildende Künstler, aber auch Schriftsteller und Musiker wieder programmatisch auf Konzepte der Schönheit
zurück, manchmal ironisch gebrochen, manchmal mit großer Ernst-
haftigkeit, auch die Kunstphilosophie thematisiert zunehmend positiv
diese „Wiederkehr des Schönen". (Nehamas 2000, 493) Und die in Har-
vard lehrende Literaturwissenschaftlerin Elain Scarry (geb. 1946) hat
in dem einflussreichen Essay „On Beauty and Being Just" versucht, die
Erfahrung der Schönheit zu rehabilitieren und als wesentlichen Beitrag
zu einer gerechteren und besseren Gesellschaft zu werten. Sogar das
für solch eine Gesellschaft so zentrale Prinzip der Fairness lässt sich als
ästhetische Konfiguration deuten: als „Symmetrie" der Beziehungen
zwischen den Menschen. (Scarry 1999, 93f.)

Birgit Recki hat dann auch in ihrer „Apologie der Schönheit in
pragmatischer Hinsicht" darauf verwiesen, dass allein der empirische
Befund, dass Menschen sich nach Schönheit sehnen und versuchen,
„Schönheit in die Welt und in ihr Leben zu bringen", (Recki 2007,
186) ein Streben bemerkbar macht, das zeigt, dass es in dieser Welt
letztlich an Schönheit in einem umfassenden Sinn, der auch ethische

und politische Dimensionen beinhaltet, mangelt. Die Rehabilitierung des Schönen muss so nicht ausschließlich als Strategie zur Ablenkung oder als billiger Trost der Täuschung interpretiert werden, das Schöne kann auch gerade in einer hässlichen Welt als deren Gegenentwurf als schmerzhafte Kritik an dieser aufgefasst werden. Nicht zuletzt die der Idee der Schönheit verpflichtete Kunst des 18. und 19. Jahrhunderts hat diesen Aspekt bewusst oder unbewusst stets betont, und auch in der Kunst der Gegenwart kann mittlerweile wieder von Schönheit gesprochen werden, ohne dass man gleich dem Kitschverdacht ausgesetzt wäre. (Seidel 192/2008, 41ff.) Darüber hinaus gewinnt Schönheit aber als Moment des Lebens und der Natur selbst wieder eine Bedeutung, die die Destruktion des Schönen durch die Kunst der Moderne selbst als historische Episode erscheinen lässt.

5

Das Naturschöne und seine Evolution

Keine Frage wurde im Zusammenhang mit der Schönheit vielleicht so kontrovers diskutiert wie die nach dem Schönen der Natur. Ob der Natur überhaupt die Eigenschaft der Schönheit zugesprochen werden kann, steht dabei ebenso zur Diskussion wie die Vorstellung, dass die Natur die eigentliche Lehrmeisterin des Schönen sei. In der Romantik wird die Natur als Sehnsuchtsort entdeckt, die Moderne wiederum sieht sich einer zunehmend beherrschbaren Natur gegenüber, die sie eher ausbeutet denn bewundert. Die Schönheit der Natur beschäftigte aber nicht nur Ästhetiker und Künstler, sondern wird in Zeiten der ökologischen Krise zu einer durchaus praktischen Frage, an der Umweltschützer ebenso interessiert sind wie der Tourismus. Und nicht zuletzt gewinnt die Frage nach dem Naturschönen durch die moderne Evolutionsbiologie an Bedeutung, die in den Formationen und Ornamenten der Natur, die wir als schön empfinden, Signale der Sexualität und damit Selektionsmerkmale der Evolution sieht. Einige dieser Aspekte und Diskussionen werden im folgenden Kapitel dargestellt.

Natur als Ort der Sehnsucht

„Schön ist, Mutter Natur, deiner Erfindung Pracht / Auf die Fluren verstreut, schöner ein froh Gesicht, / Das den großen Gedanken / Deiner Schöpfung noch einmal denkt." Die ersten Verse von Friedrich Gottlieb Klopstocks (1724–1803) berühmter Ode „Der Zürchersee" demonstrieren eindringlich die Frage nach dem Verhältnis des Schönen in der Natur zu der von Menschen geschaffenen Schönheit. (Klopstock 1983, 31) Die unanzweifelbare Schönheit der Natur ist einerseits Vorbild für die poetischen und künstlerischen Anstrengungen des Menschen, sie wird aber durch jene auch überboten. Wohl wird seit der Mitte des 18. Jahrhunderts die Natur als Erlebnisraum entdeckt und mit zahlreichen Bedeutungen aufgeladen, der Kunstschönheit wird in der Regel aber letzlich doch der Vorzug gegeben. Gerade die ästhetische Attraktivität der wilden, ungezähmten und oft auch noch wirklich bedrohlichen Natur wird allerdings seit Edmund Burke nicht unter dem Begriff des Schönen, sondern unter dem des *Erhabenen* gefasst. Das Erhabene erlaubt jene Erfahrung der Angstlust, die sich einstellt, wenn man sich zwar noch in Sicherheit weiß, aber das reale und imaginierte Bedrohungspotential unübersehbar ist. Immanuel Kant hat das Erhabene auch als das schlechthin Große bestimmt, das dem Menschen seine Kontingenz und Endlichkeit demonstriert und deshalb sowohl Furcht als auch Bewunderung hervorrufen kann. (KdU § 25; X, 169)

Das Naturschöne im engeren Sinn ist auch bei Kant vom Erhabenen unterschieden. Es ruft nicht diese „gemischte Empfindung" (Liessmann 2009, 21ff.) von Angst und Faszination hervor, sondern, wie das Schöne überhaupt, ein Wohlgefallen. Kant hat allerdings auch darauf aufmerksam gemacht, dass das Naturschöne nicht einfach zum Modell und Vorbild für das Kunstschöne genommen werden kann: „Eine Naturschönheit ist ein *schönes Ding*; die Kunstschönheit ist eine *schöne Vorstellung* von einem Dinge." (KdU § 48; X, 246) Das, was uns in der Natur als schön erscheint, muss, in einem Kunstwerk imitiert, nicht wieder schön erscheinen; umgekehrt kann auch das, was in der Natur hässlich, grausam oder abstoßend erscheint, in der Kunst durchaus schön werden.

Als kritisches Korrektiv zur Kunst, als Quelle und Modell eines anderen, besseren Lebens wurde die Natur allerdings erst von der Romantik entdeckt. Die romantische Beschäftigung mit der Natur erwächst allerdings nicht aus einem Gefühl der Naturnähe, sondern aus einem der Naturferne. Sie wurzelt in dem „melancholischen Glauben", dass die „ursprüngliche Einheit des Menschen mit der Natur verloren sei". (Pikulik 2000, 241) Aus diesem Gefühl des Verlusts entsteht die sprichwörtliche romantische Sehnsucht nach der Natur als einem Ort, der einerseits als Gegenentwurf zu den Lebensformen des modernen Menschen gedacht ist, andererseits aber eben diesem Menschen die Versöhnung mit seiner eigenen Natur verspricht. Bei Dichtern wie Ludwig Tieck oder Novalis ist diese Natursehnsucht literarisch gestaltet, in der Naturphilosophie des jungen Schelling theoretisch reflektiert worden. Die Natur erscheint dabei als eine schöpferische Kraft, die ihre eigene Schönheit hervorbringt, die letztlich auch die Differenz zwischen Natur und Kunst hinfällig werden lässt: „Die Natur hat Kunstinstinkt – deshalb ist es Geschwätz, wenn man Natur und Kunst unterscheiden will", schreibt Novalis in einem seiner Aphorismen. (Novalis 2001, 548) Die Formen der Natur werden nicht nur zum poetischen Symbol – wie die berühmte „blaue Blume" der Romantik –, sondern selbst zu Erscheinungsformen jener Idee des Schönen, für die auch der menschliche Geist empfänglich ist und die er selbst hervorbringen kann. In der romantischen Naturphilosophie werden so konsequent Natur und Geist als Einheit gedacht: „Die Natur soll der sichtbare Geist, der Geist die unsichtbare Natur sein", schreibt Schelling in seinen „Ideen zu einer Philosophie der Natur" von 1797. (Schelling 1985, I, 294)

Vehemente Kritik an dieser Konzeption des Naturschönen kam allerdings von Schellings Jugendfreund Georg Wilhelm Friedrich Hegel. Hegel konnte der Natur kaum einen ästhetischen Mehrwert abgewinnen. Nach einer Bergwanderung im Jahre 1796 durch die Berner Alpen notierte er sich angesichts der ob ihrer beeindruckenden Schönheit gerühmten Berge: „Die Vernunft findet in dem Gedanken der Dauer dieser Berge oder in der Art der Erhabenheit, die man ihnen zuschreibt, nichts, das ihr imponiert, das ihr Staunen oder Bewunderung abnötigte. Der Anblick dieser ewig toten Massen gab mir nichts als die Vorstellung: es ist so." (Hegel 1971, 618) Dabei handelt es sich bei den von Hegel mit solcher Indifferenz wahrgenommenen Bergen um bis heute bewunderte Viertausender, darunter Jungfrau und Aletschhorn. (Treptow 2001, 154) Wohl sprechen wir, so Hegel später in seiner „Ästhetik", im gewöhnlichen Leben von *schöner* Farbe, einem *schönen* Himmel, *schönem* Strome, ohnehin von *schönen* Blumen, *schönen* Tieren und noch mehr von *schönen* Menschen, aber es ist nicht die Natur, die hier schön ist, sondern der menschliche Geist, der sich in der Natur widerspiegelt. (Hegel 1970, I, 14)

Das romantische Projekt einer Versöhnung von Natur und Mensch im Medium der Kunst blieb unabgeschlossen. Gerade die Moderne feierte die Künstlichkeit, das Konstruktive, das Anorganische und erteilte der Natur als Gegenstand und Vorbild der Kunst eine radikale Absage. Ganz war die Natur aus den Künsten und den ästhetischen Theorien aber nie verschwunden. Den vielleicht anspruchsvollsten Versuch, das Naturschöne zu rehabilitieren, hatte dabei Theodor W. Adorno in seiner „Ästhetischen Theorie" unternommen. Aber auch Adorno geht dabei von der tiefgreifenden Antithetik von Natur und Kunst aus. Während die Natur als Inbegriff des nicht vom Menschen Gemachten erscheint, ist die Kunst das Gemachte, künstlich Erzeugte schlechthin, oft mit Gewalt auch der Natur abgerungen und ihr entgegengesetzt. (Adorno GS 7, 98) Aber das Naturschöne ist nicht die Natur an sich, nicht das Unmittelbare, sondern der Statthalter desselben im Bewusstsein der Menschen, sein ästhetischer Schein. Im Wahrnehmen von Natur und den damit verbundenen ästhetischen Empfindungen ist eine Ahnung von dem enthalten, was jenseits des Menschen und seiner Produkte, was jenseits von Rationalität und Reflexion liegt. Folgerichtig bestimmte Adorno das Naturschöne mit einer berühmt gewordenen Formel als „die Spur des Nichtidentischen an den Dingen im Bann universaler Identität". (Adorno GS 7, 114)

Das Aufleuchten der Natur erscheint also deshalb als schön, weil an ihr noch abgelesen werden kann, was es hieße, außerhalb des universellen Zugriffs von Rationalität, Markt, Technik, Wissenschaft und Naturbeherrschung zu sein. Die Natur ist dadurch für den Menschen aber gleichzeitig ein Ort der Erinnerung und der Utopie. Darin ist für Adorno das Naturschöne aber der Kunst verschwistert, die, allerdings auf dem Wege höchster Kunstfertigkeit, ebenfalls das Unmittelbare, Besondere, Nichtidentische vertritt und so gleich einem Naturlaut werden möchte, ohne jedoch Natur platt nachzuahmen. Allerdings enthält das Naturschöne immer auch ein irritierendes, verstörendes Moment: Natur steht selbst unter dem Bann des Naturzwangs, der reinen, blinden Naturgesetzlichkeit, der jede Form von Freiheit fehlt. Natürlich rührt uns der Gesang einer Amsel nach dem Regen, so Adorno. Aber in diesem Gesang der Amsel lauert auch das Schreckliche, „weil er kein Gesang ist, sondern dem Bann gehorcht, der sie befängt". (Adorno GS 7, 105) Genau dies unterscheidet die Kunst von der Natur: Kunst ist auch Resultat von Freiheit, ist nicht nur Unmittelbarkeit und Emotion, sondern durchdrungen von Geist und Reflexion. Das Naturschöne bleibt so eine Erfahrung, die der ästhetischen Reflexion und Bildung bedarf, und dies umso mehr, als es selbst zunehmend zu einem Produkt der Kultur- und Ferienindustrie geworden ist. Das Naturschöne als arrangierte Ferienidylle, zum schnellen Konsum angeboten, geht, so Adorno, „in seine Fratze über". (Adorno GS 7, 106)

Vom Glück in der Natur

Die zugerichtete, ausgestellte Natur verliert gerade jene Unmittelbarkeit, die ihre Schönheit ausmachte. Zweifellos aber hat die zunehmende ökologische Sensibilität, die sich nicht nur gegen die industrielle Zerstörung und Vernutzung von Natur, sondern auch gegen ihre touristische Ausbeutung richtete, seit den 70er-Jahren des vorigen Jahrhunderts viel dazu beigetragen, dass Natur in immer höherem Maße auch in den ästhetischen Diskursen wieder zu einem Thema wurde, allerdings mitunter etwas anders, als es Adornos negative Naturästhetik nahelegte. Ohne in die Falle eines normativen Begriffs des Naturschönen zu tappen, hat in diesem Kontext etwa der deutsche Philosoph Gernot Böhme (geb. 1937) ein Plädoyer für eine „ökologische Naturästhetik" vorgelegt, die vor allem für einen erweiterten Ästhetikbegriff eintritt, der sich um die Kategorie der „Atmosphäre" rankt.

Atmosphären werden von Böhme als „räumliche Gebilde" bestimmt, die in „aktiver Betroffenheit" erfahren werden können. Es geht also um die Gefühle, denen man in seiner Umwelt begegnet und denen man ausgesetzt ist. Diese Gefühle sind aber nicht durchwegs subjektiv, sondern können Dingen oder Situationen, einem Fels, einer Landschaft, einem Gebäude, einem Stadtviertel anhaften, worüber dann auch eine intersubjektive Verständigung möglich ist. (G. Böhme 1989, 148f.) In der Atmosphäre, die wir geradezu spüren können, etwa wenn sich nach einer Bergwanderung der Blick öffnet oder wenn wir die Abendstimmung am Meer genießen, lässt sich die Schönheit der Natur in einem umfassenden Sinn erfahren, ohne dass nun im Detail ein bestimmter Reiz dafür verantwortlich gemacht werden könnte.

Böhme fasst das Naturschöne also im Kontext einer Theorie der Atmosphären, die es erlauben soll, aus deren Erfahrungsgehalten eine ökologische Naturästhetik zu entwerfen, die das Verhältnis von Mensch und Natur als „Allianz" verstanden haben will, die sich letztlich an den freilich erst zu definierenden authentischen Bedürfnissen des Menschen orientiert. Dazu gehört die Einsicht, dass es nicht nur um eine gesunde und nachhaltig genutzte Umwelt für den Menschen geht, sondern auch um eine Umwelt, die bestimmte ästhetische Qualitäten aufweist. Das Verhalten im Alltag bestätigt diese These. Menschen suchen gerne Orte und Landschaften auf, die sie als schön empfinden, und idyllische Wohngegenden sind in der Regel teurer als Wohnanlagen an Verkehrsknotenpunkten. Es geht aber nach Böhme um mehr. Nicht nur um den Wunsch, in einer schönen Umgebung zu leben, sondern um ein authentisches Bedürfnis nach Natur, nach der Erfahrung, dass hier etwas ist, das von selbst da ist und durch dieses unabhängige Dasein den Menschen berührt: Der Mensch, so Gernot Böhme, hat ein „tiefes Bedürfnis nach dem anderen seiner selbst.

Er will nicht in einer Welt leben, in der er nur sich selbst begegnet". (G. Böhme 1989, 92)

Einen wichtigen und umfassenden Versuch, den Zusammenhang zwischen der Erfahrung des Naturschönen und den Möglichkeiten eines geglückten Lebens darzustellen, hat der Frankfurter Philosoph Martin Seel (geb. 1954) in seiner „Ästhetik der Natur" vorgelegt. Die ästhetische Erfahrung von Natur ist nach Seel durch drei Dimensionen gekennzeichnet. Einmal kann Natur als „Raum der Kontemplation" erlebt werden, als ein Ort der zweckfreien, sinnenden Betrachtung also, der zur Versenkung, zum Sich-Verlieren einlädt. Um das Wesen dieser Form der Naturerfahrung aber genauer zu fassen, radikalisiert Seel den Begriff der Kontemplation. Er definiert diese als eine „relevanzlose", ja „rücksichtslose" Betrachtung, die sich keinerlei Rechenschaft über ihren Standpunkt und ihre Motive geben muss. Es kann sogar Zufall sein, was zum Objekt einer kontemplativen Wahrnehmung werden kann. (Seel 1991, 38f.) Natur kann deshalb gerade dann zum Raum der Kontemplation werden, wenn sie dafür nicht zugerichtet worden ist. Es ist das Plötzliche, das Zufällige, der Zustand der Natur in einem unvorhergesehenen Augenblick, der den Blick ungeplant auf sich zieht und verweilen lässt. Solches erklärt auch, warum alle touristischen Ausbeutungsversuche kontemplativer Naturerfahrung mit vorgegebenen Aussichtspunkten und markierten Fotoperspektiven schale Erinnerungen hinterlassen: Der an die präformierte und selektierte Natur Herangeführte wird damit um die Spontaneität der kontemplativen Erfahrung betrogen.

Natur ist aber nicht nur möglicher Gegenstand von Kontemplation. Sie ist auch ein mit dem Leben jedes Einzelnen notwendig „korrespondierender Ort". Jenseits der reinen Anschauung ist Natur immer ein Bestandteil unseres Lebens, mit diesem verbunden, dieses umgebend, für dieses keinesfalls bedeutungslos. Dass viele lieber im Grünen und nicht an einer Müllhalde leben wollen, dass vor allem Erinnerungen an glückliche Situationen oft an bestimmte Landschaften oder Gegenden gekoppelt sind, hat auch damit zu tun, dass bestimmte Formen von Natur und bestimmte Weisen der Naturnähe als notwendiger Bestandteil einer erstrebenswerten Lebensqualität gewertet werden. Wir finden die Natur in dieser „korresponsiven Hinsicht" schön, weil wir sie „Ausdruck und Teil" der durch sie eröffneten Möglichkeiten eines guten und wünschenswerten Lebens erfahren. (Seel 1991, 89f.)

Damit ist allerdings der ethische Aspekt der Erfahrung des Naturschönen berührt, eine Variante der seit der Antike postulierten Einheit des Schönen und des Guten. Einerseits wird das Naturschöne selbst zu einer sublimen Norm des guten Lebens, zum anderen produziert es eine bestimmte Form des Austausches, der Kommunikation und der Teilhabe unter den Menschen. Seel unterscheidet an dieser Form der Naturerfahrung als Moment des guten Lebens vier Komponenten, die stets an solch einer Erfahrung in unterschiedlicher Intensität beteiligt sind: die *physiognomische*, die *klimatische*, die *historische* und die *stimmungshafte* Korrespondenz. Wie Natur sich dem Blick als Gestalt präsentiert – schroff, lieblich, sanft, hart, kahl etc. –, welche Temperaturen und Witterungsverhältnisse herrschen, die Erinnerungen an von Menschen schon erlebte und historisch oder ästhetisch tradierte Erfahrungen mit dieser Natur und die sensitive und emotionale Empfänglichkeit für diese Momente: Das macht das mit dem Leben Verwobene ästhetischer Naturerfahrung aus – und dies auch dann, wenn, wie Seel zu Recht anmerkt, Natur auch als „abweisendes Terrain", als lebensfeindlicher, atmosphärisch unerträglicher, symbolisch negativ aufgeladener Ort erscheinen und erfahren werden kann. (Seel 1991, 92ff.)

Natur ist aber nicht nur ein Ort der Kontemplation und ein integrales Moment des guten Lebens, Natur ist auch ein „Schauplatz der Imagination". Ein Blick in eine Landschaft kann an Landschaftsbilder, Landschaftsbeschreibungen, Naturlyrik, Fotografien, Szenen aus einem Film erinnern. Natur korrespondiert damit nicht nur mit unserem Leben, sondern auch mit unseren an Kunstwerken gemachten ästhetischen Erfahrungen. Die „Objekte und Szenerien" der Natur erscheinen „wie Kunstwerke, obwohl sie weder Kunst noch künstlich sind". (Seel 1991, 135f.) Und nur in diesem Verhältnis, nur als „Imagination der Kunst" produziert nach Seel die Natur mit Notwendigkeit ihren ästhetischen Schein, erweist sich als *Naturschönes* im strengen Sinn. Seine ästhetischen Qualitäten entfaltet das Naturschöne in diesem Sinn dann, wenn wir Natur so wahrnehmen, als ob sie ein „künstlicher Formzusammenhang" wäre. Natur wird dann nicht im Zusammenhang mit unseren Lebensvollzügen gesehen, sondern als „pures Spiel der Erscheinungen", das wir aus einer gewissen Distanz betrachten können. Schön erscheint uns diese Natur nicht als ein besonderer oder wünschenswerter Lebensraum, sondern als ein „unvergleichlicher Bildraum der Welt". (Seel 1991, 136)

Die Evolution des Schönen

Was aber ist es an der Natur, das uns die Möglichkeit gibt, sie überhaupt als schön wahrzunehmen? Jenseits der tradierten Frage nach
der Natur als Gegenstand künstlerischer Nachahmung, jenseits auch
der generellen philosophischen Überlegungen zum Naturschönen,
wie sie bei Adorno, Gernot Böhme oder Seel entwickelt werden, ist es
doch offenkundig, dass wir nicht alle Naturphänomene gleichermaßen
als schön empfinden, sondern dass es, im Detail betrachtet, ganz bestimmte Strukturen, Farben und Farbkombinationen, Gestalten und
Gebilde sind, die uns faszinieren. Die expandierende Erforschung der
Natur seit der Neuzeit hat überdies eine Fülle bislang unbekannter Or-
ganismen und Formationen entdeckt, der Blick durch Teleskope und
Mikroskope hat Welten enthüllt, die bislang dem Menschen verborgen
gewesen waren und die eigene ästhetische Reize zu entfalten imstande
waren.

Es waren solche Formationen – Einzeller, Quallen, Planktonorga-
nismen, aber auch Pilze und Pflanzen –, die der Zoologe Ernst Haeckel
(1834–1919) minutiös und mit großer künstlerischer Präzision und
Ausdruckskraft nachzeichnete und damit einen der größten Erfolge
des frühen naturwissenschaftlichen populären Sachbuches initiierte.
Die „Kunstformen der Natur", 1899 erstmals erschienen, erfreuten sich
nicht nur großer Beliebtheit beim Publikum, sondern prägten auch
über Jahre das Bild von den oft fragilen, symmetrischen Schönheiten
der sichtbaren und verborgenen Natur.

Haeckels knappes Vorwort zu seinen Bildtafeln gab diesem Konzept
des Naturschönen einen durchaus normativen Gehalt. Darin heißt es:
„Die Natur erzeugt in ihrem Schoße eine unerschöpfliche Fülle von
wunderbaren Gestalten, durch deren Schönheit und Mannigfaltigkeit
alle vom Menschen geschaffenen Kunstformen weitaus übertroffen
werden." (Haeckel 1899, Vorwort) Haeckel betonte weiters, dass besonders die niederen Lebensformen, die versteckt in den Tiefen des
Meeres wohnen oder aufgrund ihrer geringen Größe ohne Mikroskop
kaum wahrgenommen werden können, oft eine besondere Schönheit aufweisen. Haeckel ging auch davon aus, dass die bildende Kunst
und vor allem das „mächtig emporgeblühte" Kunstgewerbe in diesen
„wahren" Kunstformen der Natur eine reiche Fülle neuer und schöner
Motive finden würden. Tatsächlich haben sich zahlreiche Künstler von
Haeckels Bildtafeln inspirieren lassen, und nicht zuletzt die verschlun-

gene Ornamentik des Jugendstils hat in den „Kunstformen der Natur" eine ihrer Wurzeln.

Obwohl Haeckel einer der bedeutendsten und ersten Vertreter des Darwinismus im deutschsprachigen Raum war, stehen bei seiner Beschäftigung mit den Schönheiten der Natur evolutionstheoretische Erklärungen nicht im Vordergrund. Darwin selbst hatte allerdings sehr wohl einige wichtige Überlegungen zur Frage angestellt, inwiefern die Schönheit in der Natur Ausdruck spezifischer evolutionsbiologischer Strategien sein kann. Im Gegensatz zu vielen, auch modernen Biologen nahm Darwin an, dass auch die Tiere einen spezifischen Schönheitssinn – „*taste for the beautiful*" – entwickeln, der es ihnen erlaubt, auf ästhetische Reize nicht nur zu reagieren, sondern diese in ganz bestimmter Weise zu interpretieren. Natürlich steht Schönheit in diesem Konzept im Dienste der sexuellen Reproduktion und der natürlichen Selektion. Die von der Evolutionsbiologie aufgeworfene Frage lautet dann auch, welche Informationen durch Schönheit transportiert werden und welche Selektionsvorteile sich daraus ergeben. Eine einfache Antwort wäre, dass bei Tierarten, bei denen sich die Männchen auffallend ornamentieren, dies von den Weibchen als untrügliches Zeichen für die Potenz und den zu erwartenden Reproduktionserfolg gelesen werden kann. Wie schon für Edmund Burke, den Darwin wohl gekannt hat, wird auch für den Begründer der Evolutionstheorie der Pfau zum Paradebeispiel für die biologische Funktion von Schönheit. (Darwin 1875, II, 125ff.)

Der Literaturwissenschaftler Winfried Menninghaus, der einen umfassenden Versuch unternommen hat, Evolutionstheorie und philosophische Ästhetik miteinander ins Gespräch zu bringen, hat den Grundgedanken Darwins über die evolutionäre Entwicklung der Pfauenschönheit rekonstruiert. Demnach wären sich ursprünglich der Pfau und sein unscheinbares Weibchen durchaus ähnlich gewesen, erst die Bevorzugung jener Pfauenmännchen, die etwas auffallendere Schwanzfedern hatten, durch die Weibchen führte zur genetischen Weitergabe und Intensivierung dieses Merkmals. Wenn Pfauen mit prächtigem Gefieder bei der Paarung von den Weibchen bevorzugt werden, setzen sich diese Attribute mehr und mehr durch, weil der Reproduktionserfolg nun von diesen optischen Reizen abhängig ist: „Die weibliche Präferenz für eine geringfügige relative Übertreibung der Schwanzfedern begünstigte, da sie von Generation zu Generation stetig erhöhte Normwerte vorfand, immer extremere absolute Werte des begehrten Merkmals." (Menninghaus 2003, 82)

Schönheit im Tierreich wird also erzeugt, um Aufmerksamkeit zu erregen oder Erwartungen zu erfüllen, um sich dadurch Vorteile bei der sexuellen Reproduktion zu verschaffen. Schon beim Pfau ist allerdings fraglich, ob die ästhetischen Attribute auch tatsächlich eine bessere Fitness signalisieren, was im Interesse des wählenden Weibchens liegen müsste. Genauso gut könnte es sein, dass mangelnde Fitness durch ästhetische Attribute kaschiert werden soll, wodurch schon im Tierreich Schönheit für Täuschungsmanöver eingesetzt würde; zumindest ahnte auch schon Darwin, dass entwickelte ästhetische Attribute der Fitness abträglich sein können, etwa wenn zu lange Schwanzfedern die Beweglichkeit des Tieres und damit seine Überlebenschancen radikal einschränken. (Menninghaus 2003, 84 u. 131)

Das Handicap-Prinzip

Aber man kann die Sache auch anders sehen: Wer einen Großteil seiner Energie in eine aufwendige und auffallende, womöglich sich selbst gefährdende Ornamentierung seines Körpers verwenden kann, könnte damit eine ganz besondere Fitness signalisieren, die es dem Individuum erlaubt, um der Schönheit willen andere Körperfunktionen einzuschränken. Die israelischen Biologen Amotz Zahavi (geb. 1928) und Avishag Zahavi (geb. 1922) sprechen geradezu von einem „Handicap-Prinzip", das wie im Sport funktioniert: Der Stärkere und Schnellere kann es sich leisten, zusätzliche Erschwernisse in Kauf zu nehmen. Wer sich demonstrativ einem Nachteil ausliefert und diesen gut sichtbar vor sich herträgt, deutet damit eine besondere Qualität an. (Zahavi/Zahavi, 15f.) Interpretiert man das Pfauenrad, auffallende Farben, lautes Schreien und Singen und gut sichtbare Ornamente in diesem Sinn, dann täuscht Schönheit nicht Fitness vor, sondern hat eine besonders robuste Fitness zu ihrer Voraussetzung. Nur wer sich nicht fürchten muss, kann in dieser Weise auf sich aufmerksam machen. Das Brunftgeschrei der Hirsche gehört ebenso zu diesen Strategien wie das Leuchten der Glühwürmchen. (Zahavi/Zahavi 1998, 57ff.) Potenzielle Geschlechts- und Reproduktionspartner sollen diese Attraktivitätsbemühungen dann wohl auch als versteckte Botschaften besonderer Tauglichkeit deuten.

Aus diesem Ansatz entwickeln Zahavi und Zahavi auch eine knappe Theorie, wie sich das Schöne und die Kunst im Laufe der Evolution des Menschen herausgebildet haben könnten. Am Anfang hätte auch hier das Bedürfnis gestanden, bestimmte physische Merkmale durch Ornamentierung zu verdeutlichen und zu überhöhen: Linien und Punkte im Gesicht, die dieses auf größere Entfernung besser sichtbar machen; Verzierungen an Werkzeugen, um deren Bedeutung und Qualität hervorzuheben. Das Anbringen solcher Verzierungen und Ornamente erfordert aber ein bestimmtes Geschick, die Wertschätzung dieser Ornamentierungen führt zu einem Selektionsdruck: Die begabten „Künstler" werden bevorzugt, die Fähigkeiten und Methoden der Gestaltung werden verbessert und verfeinert, bis hin zu dem Moment, in dem die Fähigkeit, überhaupt etwas ästhetisch zum Ausdruck zu bringen, bewundert und geschätzt wird. Ein besonders betontes Kriterium für die Gelungenheit einer ästhetischen Gestaltung, also für Schönheit, liegt aus diesem Grund auch darin, ein Ornament in Übereinstimmung mit dem Material anzubringen. (Zahavi/Zahavi 1998, 375ff.) Zwischen dem Gegenstand und seiner Ornamentierung darf kein Widerspruch sein.

Signale der Liebe

Wie immer im Detail die Ansätze Darwins in Hinblick auf eine allgemeine Theorie des Schönen auch weiterentwickelt werden: Für die Evolutionsbiologie steht die Herausbildung ästhetischer Signale und dem damit korrespondierenden Wahrnehmungsvermögen derselben auf jeden Fall im Dienste der Sexualität und der damit verbundenen erhöhten Reproduktionschancen. Es sind letztlich immer „Signale der Liebe" (Grammer 1993), die über Aussehen, Gestalt, Augen- und Haarfarbe, Stimme vermittelt werden. Im Laufe der Evolution haben sich so ganz bestimmte ästhetische Formen herausgebildet, die als „schön" empfunden werden, weil sie genetische und körperliche Fitness signalisieren und damit zu begehrenswerten Eigenschaften werden. Das bedeutet aber auch, dass Schönheit kein Ausdruck rein subjektiver Präferenzen und Einstellungen sein kann, sie also nicht im Auge des Betrachters liegt, sondern einen „Kern der Wahrheit" beinhalten muss. (Grammer 2007, 77) Das bedeutet, dass Schönheit sich in beobachtbaren Merkmalen ausdrücken muss, die eindeutige Informationen über verschiedene Aspekte der Fitness wie Gesundheit, Immunsystem, Potenz, Fruchtbarkeit oder genetische Dispositionen beinhalten. Dass etwa die Symmetrie zu den Grundformen des Schönen gehört, lässt sich auch dadurch erklären, dass symmetrische Verhältnisse, z. B. im menschlichen Gesicht, Ausdruck einer spezifischen Gesundheit sind, da umweltbedingte und genetische Störungen sehr oft Asymmetrien hervorrufen. Symmetrische Gesichtszüge indizieren zudem eine hohe Entwicklungsstabilität der Person, da diese offensichtlich in der Lage ist, etwaige Abweichungen davon aufgrund ihrer genetischen Qualität auszugleichen. (Grammer 2007, 81)

Es ist zweifellos verführerisch, die Idee des Schönen schlechthin mit diesen biologischen Interpretationen zu korrelieren. Die Schönheit eines potenziellen Partners spräche dann in erster Linie die Möglichkeiten des eigenen Reproduktionserfolges an. Oder, mit den Worten von Winfried Menninghaus: „Das ‚schöne‘ Objekt wird nicht um seiner selbst willen gewählt, sondern weil es ein besonders vielversprechendes Gefäß für die Selbstfortsetzung des Wählenden ist.“ (Menninghaus 2003, 217) Man kann diesen Befund durchaus in die Nähe der platonischen Schönheitslehre rücken, nach der der Liebesdrang zum Zeugen und Hervorbringen im Schönen diene. Diese sexuelle Lust am Schönen kann sich aber verselbstständigen und jenseits der Geschlechtlichkeit lustvolle Paarungen mit anderen, ästhetisierten Objekten ermöglichen – bis hin zur Lust an der Kunst. Keine dieser ästhetischen Begierden kann jedoch ihren Ursprung ganz hinter sich lassen. Alle Kunst wäre demnach letztlich identisch mit „Werbung im sexuellen und ökonomischen Sinn“ – es geht irgendwie immer darum, einen anderen durch „Ausstellung und Anpreisung“ eigener Verzüge für sich einzunehmen. (Menninghaus 2003, 223) Das muss nicht bedeuten, dass die Kunst, die dafür hervorgebracht wird, den Schönheitskriterien des Alltags entsprechen muss. Manchmal kann man durchaus begehrenswert werden, wenn man seine Mitmenschen einer radikalen ästhetischen Schocktherapie aussetzt. Aber auch der Künstler, der provoziert, erlangt Aufmerksamkeit und wird dadurch attraktiv. Die Kunst muss nicht schön sein; schön – so ließe sich eine Pointe der Evolutionstheorie des Schönen formulieren – müssen die weiblichen Bewunderer des Künstlers sein. Es ist deshalb auch nicht das Kunstschöne, es ist die Schönheit der Natur, auch und vor allem die der Menschennatur, die sich in letzter Konsequenz immer durchsetzen wird.

6

Schönheit im Alltag: Mode, Design und Werbung

Während für die Kunst die Bedeutung des Schönen immer wie-
der infrage gestellt wurde, galt und gilt Schönheit im Bereich des
Alltags ungebrochen als zentraler Wert. Mode, Design, Werbung
und Kosmetik leben vom Versprechen der Schönheit, ästhetisch ge-
staltete Gebrauchsgüter gelten ebenso als Indikator für eine hohe
Lebensqualität wie eine schöne Umgebung oder eine schöne Land-
schaft. Das moderne, mediendurchflutete Leben, die Straßen und
Tempel des Konsums, die Lifestyle-Magazine und die Werbefilme,
die Plakate und die Videoclip-Ästhetik sind durchdrungen und
durchsetzt von direkten oder indirekten Ansprüchen auf Schön-
heit. Angesichts der vielfältigen Erscheinungsformen des Schönen
im Alltag müssen wir uns im folgenden Kapitel auf einige wenige,
vielleicht aber paradigmatische Aspekte beschränken: auf das
Schöne in Mode, Design und Warenästhetik.

Schönheit des Populären

Ein Sachverhalt ist unübersehbar: „Die Entthronung des Schönen in
der modernen Kunst steht in umgekehrt proportionalem Verhältnis
zur ubiquität werdenden Affirmation des Schönen in den alltagsästhe-
tischen Moden, in Design, Werbung und Kosmetik." (Menninghaus
2003, 170) Während die Künste der Moderne seit über hundert Jahren
das Hässliche und den Schock, das Obszöne und das Ekelhafte, das Experiment und die Grenzüberschreitung in das Zentrum ihrer Überlegungen und Produktionen rücken, konnte sich die Idee des Schönen
in den verschiedenen Facetten der Alltagskultur nicht nur behaupten,
sondern in den letzten Jahren auch ungeahnte Triumphe feiern. War
die Rede über die Schönheit von Menschen und ihren Kleidern in den
90er-Jahren des vorigen Jahrhunderts noch für viele ein mehr oder weniger beklagenswertes „Tabu" (Schlaffer 1996, 10), so ist die Ästhetik
der Boutiquen und Catwalks, der Hochglanzmagazine und Einkaufs-

zentren, der Automobile und Mobiltelefone mittlerweile ohne Referenz auf das Schöne nicht mehr denkbar. Die „Schönheit des Populären" scheint mittlerweile allgegenwärtig. (Maase 2008) Auch wenn mitunter andere Begrifflichkeiten gewählt werden: Hinter Design und Eleganz, Style und Glamour, Attraktivität und Fitness, Fashion und Flair lassen sich unschwer die Ingredienzien eines Schönheitskultes erkennen, dessen grundsätzliche Formensprachen bei allem Willen zur Modernität mitunter bis zur klassischen Antike zurückreichen. Spätestens seit die so genannte Postmoderne die Ästhetisierung des Alltagslebens programmatisch einforderte (Welsch 1993), bedienen sich Designer, Graphiker, Architekten und Modemacher auch mehr oder weniger ungeniert des tradierten Formenrepertoires, oft allerdings in Form ironisch gebrochener Anspielung.

Die Erscheinungen des Alltagslebens, in denen der Wille zum Schönen, zumindest eine Sehnsucht nach dem Schönen zum Ausdruck kommt, können allerdings nicht auf rein äußerliche ästhetische Aspekte reduziert werden. Mode, Werbung und Design lassen sich nie nur als Manifestationen des Schönen lesen oder entwerfen, sondern dienen immer auch bestimmten technischen und sozialen Funktionen. Schönheit wird dabei zu einem Gestaltungsmerkmal für mitunter höchst komplexe Zeichensysteme, durch die sich Menschen über Wunschbilder, Statusfragen, soziale Zugehörigkeiten, erotische Angebote oder Selbstwertgefühle verständigen. Dass etwas schön sein soll, ist nicht letzter Zweck von Design, aber Schönheit kann sich oft als bevorzugter Ausdrucksträger durchsetzen. Neben dem Interessanten, dem Ausgefallenen, dem Außergewöhnlichen, dem Extravaganten, dem Luxuriösen, dem Exotischen, dem Dekadenten oder dem Asketischen kann sich das Schöne auch und gerade im Alltag immer wieder als elementarer Wert behaupten. Ein Kleid, ein aufwendig gestalteter Gebrauchsgegenstand, eine neue Architektur, eine kreative Werbung soll auch „schön" sein. Das kann so weit gehen, dass in den westlichen Kulturen, die auf Individualität und Nonkonformismus setzen, sogar die lange verpönte „Schönheit der Uniformität" wiederentdeckt werden kann – von den adretten Kostümen der Stewardessen bis zu den Kutten der Mönche. (Mentges/Richard 2005)

Mode

vergänglich

Die Mode ist ein „Phänomen der Moderne". (H. Böhme 2009, 49) Zuvor hat es die „Tracht" gegeben und verschiedene geschlechtsspezifische und sozial verbindliche Kleiderordnungen. Die Mode emanzipiert die Kleidung von diesen stabilen und langfristigen Ordnungen, bringt Bewegung in die Ästhetik der Kleidungen. In der Mode geht es allerdings um mehr als nur um eine ansprechende Ästhetik äußerer Hüllen. In seiner 1899 erschienenen „Theorie der feinen Leute" („The Theory of the Leisure Class") stellte der amerikanische Ökonom Thorstein Veblen (1857–1929) fest, dass in modernen Gesellschaften die Kleidung nicht mehr zu den unmittelbaren Bedürfnissen (Schutz vor Kälte oder Schmutz) gehört, sondern ein „geistiges" Bedürfnis darstellt, das zumindest bei den höheren Klassen wesentlich im Prestige besteht, das man sich durch eine angemessene, auffallende oder eben modische Kleidung erwirbt, dies auch und gerade dann, wenn diese Kleidung höchst unpraktisch und unbequem sein sollte. (Veblen 1981, 128f.) Dies hatte wohl auch schon Immanuel Kant bemerkt und deshalb in seiner „Anthropologie in pragmatischer Hinsicht" festgehalten, dass es besser sei, ein „Narr in der Mode als ein Narr außer der Mode zu sein", gleichzeitig aber das Modebewusstsein weniger als eine Angelegenheit des guten Geschmacks als vielmehr als eine Variante der Eitelkeit charakterisiert. (Kant XII, 572)

Die Frage nach der sozialen Akzeptanz und Zugehörigkeit, die sich auch in und durch eine Mode beantwortet, ist also womöglich wichtiger als Fragen des guten Geschmacks. Der Soziologe Georg Simmel (1858–1918) konnte so in seinem berühmt gewordenen Essay „Die Mode" schon 1911 die These vertreten, dass sich die Mode aus zwei einander widersprechenden sozialen Tendenzen entwickelt hat: aus dem „Bedürfnis des Zusammenschlusses" und dem „Bedürfnis der Absonderung". (Simmel 1983, 32) Die Mode erlaubt es den Menschen einerseits, sich in Differenz zu anderen zu setzen, ihren eigenen Stil und Geschmack zu demonstrieren. Zum anderen aber wird eine bestimmte Ästhetik der Kleidung nur dann zur Mode, wenn sie nicht auf Einzelne beschränkt bleibt, sondern von mehreren getragen und akzeptiert wird. Das Modische ist so das Neue, Überraschende, Zeitgemäße, und der modebewusste Mensch zeigt sich mit seinem Geschmack immer auch auf der Höhe der Zeit, und nichts wäre schlimmer für ihn als eine Mode, also einen Trend, einen „angesagten" Stil, ein aktuelles Accessoire zu versäumen; gleichzeitig gesellt er sich damit einer Gruppe zu, die vordergründig nichts verbindet als dieses Modebewusstsein.

Ein Ursprung der Mode liegt aber wohl in den Kleiderordnungen hierarchisch gegliederter Gesellschaften, die Standeszugehörigkeiten, soziale Positionen, oft auch Familienstand und Beruf durch präzise Kleidervorschriften signalisierten. Der französische Schriftsteller und Philosoph Roland Barthes (1915–1980), dem wir eine der komplexesten Abhandlungen über die „Sprache der Mode" verdanken, bezeichnet dann auch die Mode als einen „vestimentären Code": Wir sprechen mithilfe der Kleidung. (Barthes 1985, 67ff.) Einerseits haben im jeweiligen gesellschaftlichen Kontext bestimmte Kleidungsstücke und ihre Anordnung bis heute festgelegte Bedeutungen: Festroben und Hochzeitskleider, Freizeitlook und Businessanzug, Strandkleidung und Abendanzug sind als vestimentäre Zeichen noch immer relativ leicht zu entziffern. Durch individuelle Adaptionen und Kontextualisierungen kommen aber zusätzliche Ausdrucksmöglichkeiten dazu: Wer stillschweigende Übereinkünfte verletzt und zur Opernpremiere in Jeans erscheint, drückt damit mehr aus als eine persönliche Vorliebe für ein bestimmtes Kleidungsstück, und sei es auch nur Ignoranz oder einen bewussten Protest gegen eine bestimmte Kleiderordnung oder die Botschaft: Ich bin arm, liebe aber die Oper. Solche vestimentären Codes spielen allerdings nicht nur in etablierten Gesellschaftsschichten eine große Rolle, auch und gerade in jugendlichen Subkulturen werden komplexe soziale Beziehungen, für die die Worte fehlen, über Kleider, Moden und Marken transportiert. In diesem Zusammenhang kann Schönheit selbst zu einem Signal in einem komplexen Zeichensystem werden. Wer auf besondere Formen, Schnitte und Materialien achtet, gewinnt noch einmal ein Distinktions-, Abgrenzungs- und Zugehörigkeitsmerkmal.

Natürlich: Die Zeiten, in denen man sich, um von bestimmten gesellschaftlichen Schichten akzeptiert zu werden, dem Diktat einer Mode unterwerfen musste, sind vorbei. Zumindest formell gilt in Modefragen längst die Devise: Erlaubt ist, was gefällt. Das bedeutet allerdings nicht, dass sich im Bereich der Mode Subjektivität durchsetzen konnte. Schon Georg Simmel hat die Beobachtung gemacht, dass der streng modische Mensch trotz aller behaupteten Individualität „relativ uniformiert" erscheint. (Simmel 1983, 33) Das führt zu dem bekannten Paradoxon, dass gerade die demonstrativ unkonventionelle Kleidung, wie sie etwa von jugendlichen Subkulturen bevorzugt wird, zur streng normierten

Vorgabe werden kann: Alle tragen dann dieselben unkonventionellen Jeans, Turnschuhe oder Stiefel, bis hin zum Military-Look, der das Zitat der Uniform zum Ausdruck einer „Massenindividualisierung durch Mode" und damit zur „Matrix der modernen Kleidung" werden lässt. (Jens 2005, 200) Gleichzeitig bündeln sich in der zur Mode gewordenen Uniform eine Reihe ästhetischer Signale, die für die unterschiedlichen Konzeptionen des Schönen bedeutsam gewesen sind: Symmetrien, Proportionen, Betonung bestimmter Körperteile, erotische oder martialische Signale, Farbreize.

Die Frage nach der Schönheit in der Mode ist dabei seltsam ambivalent. Abgesehen davon, dass manche Mode bewusst mit den Ingredienzien der Hässlichkeit, des Billigen, des Abgetragenen, des Ungepflegten spielen kann, lassen sich in der Regel immer wieder relativ konstante Schönheitsideale erkennen, um die herum die je aktuelle Mode entworfen wird. Es gehört zu den „Listen der Mode", dass die „Aufteilung des Schönen in einen ewigen, beständigen und einen relativen Anteil" in der Mode selbst noch einmal vollzogen wird. (Bovenschen 1986, 23) Der Ästhetiker Friedrich Theodor Vischer (1807–1887) sprach in diesem Zusammenhang vom „Typus", der in der Mode bei allem raschen, saisonbedingten Wechsel durchhält und nur langsame Metamorphosen zulässt. (Vischer 1986, 69) Smoking, Abendkleid, der Minirock, das Sakko: Typen, die natürlich ihre Geschichte haben und modische Variationen kennen, aber sich doch über längere Zeiträume halten und deshalb auch die Maßstäbe für Schönheit in der Mode abgeben. Ohne diese ästhetischen Konstanten, die Lust an der ewigen Wiederkehr des Gleichen, gäbe es Mode ebenso wenig wie ohne den Willen zur riskanten Variation.

Design

In keinem Bereich ist das Verhältnis von Alltag und Schönheit in den letzten Jahren so deutlich ins allgemeine Bewusstsein getreten wie in Fragen des Designs. Die Zeiten, in denen für eine ästhetisch anspruchsvolle Gestaltung von nicht industriell erzeugten Gebrauchsgegenständen noch der Begriff des Kunsthandwerks verwendet werden konnte, sind ebenso vorbei wie die, in denen die gegen Ende des 19. Jahrhunderts vom amerikanischen Architekten Louis H. Sullivan (1856–1924) geprägte Formel galt: *Form follows function.* Vorbei aber auch die Zeiten, in denen die Erscheinungsformen der zunehmend industriell erzeugten Gebrauchsgüter, inklusive der Errungenschaften neuer Technologien – Fernseher, Rasierapparate, Waschmaschinen, Küchengeräte, Stereoanlagen, Kofferradios, Laptops, Mobiltelefone – anonymen Gestaltern überlassen waren. Mittlerweile ist alles zum Design geworden, Designer gelten als Stars an der Schnittstelle von Kunst und Kommerz, und der Wille zur Gestaltung macht vor keinem Bereich und Gegenstand, mit dem Menschen zu tun haben, halt. Von der Architektur bis zum Interieur, vom Möbel bis zur Technik, vom Bettzeug bis zum Wasserhahn: Alles wird bewusst geformt. Dass ein Gegenstand sein Aussehen und seine Gestalt einem Designer verdankt, ist zu einem Qualitätsmerkmal geworden: Designerware. Kritiker dieser Entwicklung sahen im Siegeszug des Designs dann auch eine doppeldeutige „Abklärung" am Werk, der äußere Schein dominiert und kaschiert das Wesentliche, die Oberfläche triumphiert über das Eigentliche, anstelle des „Seins" tritt nun das „Design". (Guggenberger 1987)

In Fragen des Designs spielt Schönheit eine zentrale Rolle. Dass es Aufgabe von Design ist, Dinge gerade trotz ihrer Alltäglichkeit und Funktionsgebundenheit schön erscheinen zu lassen und ihnen dadurch einen ästhetischen Reiz zu geben, dessen Bedeutung weit über den unmittelbaren Anblick hinausgeht, mag den Siegeszug des Designs verständlich erscheinen lassen. Designerware dokumentiert guten Geschmack und eine gewisse Achtsamkeit auf die äußere Form der Dinge, die gegenüber ihrer Funktion, die selbstverständlich geworden ist, an Bedeutung gewinnt. Man kann geradezu von einer eigenständigen Variante des Schönen in diesem Zusammenhang sprechen, von einer „Gestalterschönheit", die etwas zirkulär als das definiert wird, was ein professioneller Gestalter für das Schöne hält. (Scholz 2008, 168) Auch in dieser tautologischen Bestimmung wird die zentrale Rolle des Designers, der willkürlich den Dingen seinen Stempel aufprägen kann, als maßgebliche ästhetische Instanz der Alltagskultur unterstrichen.

Diese Schönheitsvorstellungen, die den Designer in seiner Kreativität in die Nähe des Künstlers rücken, werden allerdings von anderen Schönheitskonzepten konterkariert, denen er sich – nun anders als ein Künstler – aussetzen muss. Neben der „Nutzerschönheit", also den Schönheitsvorstellungen der Konsumenten, und der „Produzentenschönheit", also der von Verkaufserwartungen bestimmten Vorstellung der Hersteller eines Produkts, tritt als relatives neues Element die „Medienschönheit" hinzu, also die Präsentationsmöglichkeiten eines Produkts in den modernen Medien, die nicht selten über die Annahme eines Entwurfes durch einen Auftraggeber entscheiden, wobei allerdings gilt, dass nichts flüchtiger ist als diese Medienschönheit. (Scholz 2008, 163ff.) Design, das sich durchsetzt, könnte auch als Kompromiss zwischen diesen mitunter ziemlich divergierenden Schönheitsvorstellungen beschrieben werden. Aber auch und gerade unter diesen Bedingungen bleibt Design, was es immer schon war: eine „Hybride aus Kunst und Gebrauch". (Scholz 2008, 175)

Warenästhetik

In keinem Bereich des Alltagslebens ist die Frage der Schönheit so virulent wie in dem der Ästhetik der Waren. In einer Gesellschaft, die sich in erster Linie durch einen freien Markt definiert, kommt den Gütern, die auf diesem Markt gehandelt werden, eine besondere Bedeutung zu. Sie stellen nicht nur Objekte der Begierde und Mittel der Befriedigung dar, sondern geben auch Auskunft über die Präferenzen, Ideale, Sehnsüchte und Ängste der Menschen. Die Frage, wie die Güter auf diesen Märkten präsentiert werden, ist deshalb alles andere als nebensächlich. Abgesehen davon, dass die gefällige und attraktive Präsentation von Waren als Kaufanreiz immer schon die Ästhetik der Märkte prägte, führt das reichhaltige Warenangebot einer entwickelten industriellen Produktionsweise dazu, dass die Art der Präsentation zu einem der wenigen Merkmale wird, an denen der potentielle Käufer verschiedene Warenangebote desselben Typs überhaupt noch unterscheiden kann. In ihrer Funktion und Qualität gleichen sich mittlerweile alle Gegenstände einer bestimmten Gattung, werden auch denselben Standards und Normen unterworfen; nur noch in ihrem Aussehen lassen sie sich voneinander unterscheiden. Nirgendwo ist die Formel vom Versprechen der Schönheit so präsent wie auf den realen und virtuellen Märkten der Gegenwart. Die Schönheit, das Design, die Gestalt eines Gegenstandes verspricht immer mehr als nur den reinen Gebrauch, mindestens Freiheit, Glück, Sex und Erfolg.

Dieses Versprechen der Schönheit erscheint manchen vor allem im Zusammenhang mit der Ästhetik der Waren allerdings als höchst prekär. Denn offenkundig wird die Schönheit strategisch eingesetzt, um Menschen zu einem Kauf zu überreden, ohne dass die mit der Schönheit mittransportierten Verheißungen je eingelöst werden könnten. In seiner 1971 erstmals erschienenen und 2009 in einer erweiterten Fassung wieder aufgelegten, viel diskutierten „Kritik der Warenästhetik" hat der Soziologe Wolfgang Fritz Haug (geb. 1936) diesen Vorbehalt nahezu klassisch formuliert: Die Erscheinung der Waren verspricht weit mehr, als sie je halten kann. Insofern ist sie Schein, „auf den man hereinfällt". Die Schönheit der Waren ist wie ein Spiegel, der die Sehnsüchte und Wünsche der Menschen wiedergibt, Befriedigung verspricht und doch nicht gewährt: Denn hinter dem, was uns entgegenleuchtet, ist nichts mehr. (Haug 2009, 80) Aus dem uneingelösten Versprechen der Schönheit wird so rasch ein Betrug an den Menschen.

Andere Autoren haben diesen Sachverhalt etwas entspannter gesehen. In seiner 1998 erschienenen „Ökonomie der Aufmerksamkeit" stellte der Architekturtheoretiker und Stadtplaner Georg Franck (geb. 1946) nüchtern fest, dass in einer Welt, in der Aufmerksamkeit zu einer neuen „Währung" geworden ist, die ganze Kultur auf das Prinzip „Attraktivität" umstellen muss. Inbegriff dieses neuen „Realitätsprinzips" ist der Star und der Kult, der ihn umgibt. Entscheidend sind nun die ästhetischen Strategien, denen es im Medienzeitalter gelingt, trotz allgemeiner Reizüberflutung Bilder von Menschen zu produzieren, die Aufmerksamkeit erlangen können, haften bleiben, nicht gleich wieder verschwinden. (Franck 1998, 168ff.)

Mittlerweile ist eine ganze Industrie damit beschäftigt, immer neue ästhetische Strategien zu entwerfen, die solch eine Aufmerksamkeitsakkumulation ermöglichen sollen. Die Präsentation von Menschen und Marken folgt dabei verblüffend oft den klassischen Normierungen des Schönen. Nur selten, wie in den provokanten Werbefotografien, die Oliviero Toscani (geb. 1942) im Auftrag eines Textilkonzerns angefertigt hat, werden die Sujets des Schönen durch Bilder von kranken, verletzten, sterbenden, hässlichen Menschen ersetzt. Diese Fotografien wurden zwar viel diskutiert, als Werbeträger waren sie aber nicht sonderlich erfolgreich. Die in der Kunst der Moderne nahezu zur Selbstverständlichkeit erhobene Emanzipation des Hässlichen und Abstoßenden funktionierte in der Welt der Werbung offenbar nicht. In der Regel bevorzugen Werbung und PR nach wie vor jene Formensprachen, die dem vermeintlichen oder auch wirklichen Bedürfnis des Menschen nach Schönheit entgegenkommen. Die Varianten sind dabei begrenzt, die Werbebroschüren, Hochglanz- und Modemagazine variieren genauso wie die Videoclips wohl je nach Zeitgeist den Stil und die

Sujets, ohne dass Attraktivität, Eleganz, Erotik, Jugend und Schönheit ihre Bedeutung als zentrale Bezugspunkte verlören.

Bemerkenswert aber ist, dass gerade im Kontext von Werbung die Bedeutung der Schönheit in den letzten Jahren sogar dramatisch zugenommen hat. Während in den Werbesujets seit den 50er-Jahren zum Beispiel die weiblichen Werbeträger wohl „hübsch, nie aber übererotisiert schön" waren und alltägliche Szenen, verknüpft mit kleinen Geschichten, in denen die Frau eher als Hausfrau und Mutter dargestellt wurde, die Werbefilme dominierten, sind gegenwärtig die Models „ebenso extrem schön wie extrem erotisch" inszeniert, bis hin zu einer „Pornographisierung" in bestimmten Bereichen, wie etwa der Modewerbung. (Trapp 2007, 214) Diese neue Dominanz des Schönen in der Werbung hat zuletzt auch den männlichen Körper erfasst. Lange galten für Männer in der Werbung andere Kriterien als die der Schönheit. Noch in den 80er-Jahren wurde der männliche Körper als eher ungeeignet für die Vermittlung ästhetisch-erotischer Werbebotschaften gehalten, Männer traten entweder als typische Vertreter bürgerlicher Berufe oder als Abenteurer auf, die weniger Schönheit als vielmehr Verlässlichkeit bzw. Autonomie und Freiheit symbolisieren sollten. Erst seit Ende der 80er-Jahre wird auch der Mann als für die Werbung geeignetes schönes Geschlecht entdeckt. Nun zählen auch für ihn „Jugend, reine Haut und die Harmonie der Züge", also die klassischen Merkmale des schönen Menschen, wobei, ganz nach antikem Vorbild, der männliche Körper, auch wenn er nackt auf den Werbeflächen posiert, in der Regel unbehaart erscheint. (Trapp 2007, 216ff.) Damit aber kehren wir allmählich zum Ausgangspunkt unserer kleinen Begriffsgeschichte des Schönen zurück: zur Schönheit des Menschen.

7

Attraktivität: Über die Formbarkeit des Menschen

Im letzten Kapitel dieses Buches geht es um den vielleicht schwierigsten und umstrittensten Aspekt des Schönen: um die Schönheit des Menschen. Schon immer war die Frage, warum und nach welchen Kriterien Menschen als schön wahrgenommen werden, für das soziale Leben von hohem Interesse, zumal im Laufe der Geschichte oft von der äußeren Schönheit eines Menschen auf seine moralisch-sittlichen Qualitäten geschlossen wurde. Die moderne Attraktivitätsforschung scheint viele unserer alltäglichen Vorurteile und Vorstellungen zu bestätigen: Schöne Menschen genießen viele Vorteile, wobei die Frage nach den Kriterien des Schönen gar nicht so subjektiv gefärbt ist, wie wir vielleicht glauben. Mittlerweile ist Schönheit geradezu zu einer Verpflichtung und Selbstverpflichtung des Menschen geworden, jeder möchte sein Aussehen optimieren, was zu einer ungebrochenen Konjunktur der Schönheitsindustrie führt. Im Folgenden soll es nicht nur um diese Aspekte, sondern auch um die damit zusammenhängende zentrale philosophisch-ethische Frage gehen, inwiefern der Mensch für die ästhetische Formung und Präsentation seines Körpers selbst verantwortlich ist.

Der schöne Mensch

Der Mensch, so formulierte es einmal Karl Marx (1818–1883), ist das einzige Wesen, das allen Dingen ihr „inhärentes Maß" anzulegen weiß, das also auch nach den „Gesetzen der Schönheit" wahrnehmen und produzieren kann. (MEW, Erg. Bd. 1, 517) Dies gilt auch für den Menschen selbst. Auch sich selbst produziert er nach eben diesen Gesetzen der Schönheit. Der schöne Mensch steht so im Mittelpunkt aller Schönheitsdebatten, die Sehnsucht nach physischer Attraktivität ist es, die das Denken und Fühlen vieler Menschen beherrscht. Kein Wunder, dass die Schönheitsindustrie zu den erfolgreichsten und prosperierenden Wirtschaftszweigen unserer Tage zählt. Die Schönheitsprodukte der Parfümerien und die Versprechungen der Kosmetik zählen ebenso dazu wie die unzähligen Tipps und Tricks, die Schönheitsmagazine ihren weiblichen und zunehmend auch männlichen Kunden verraten, um dem Ideal des schönen Menschen so nahe wie möglich zu kommen. Und die rasante Zunahme schönheitschirurgischer Eingriffe zeigt, dass man die Umgestaltung des eigenen Körpers nach den Maßstäben des Schönen mittlerweile flächendeckend in Angriff nimmt. Der Wunsch nach einem schönen Körper oder einem schönen Gesicht lässt sich in einem größeren Kontext allerdings als ein Moment jenes Trends deuten, der unterschiedliche selbst zu verantwortende Verbesserungsstrategien („Enhancement") umfasst: vom Doping über Schönheitschirurgie bis zum Anti-Aging. (Schöne-Seifert/Talbot 2009)

„Nichts ist schön, nur der Mensch ist schön: auf dieser Naivität ruht alle Ästhetik, sie ist deren erste Wahrheit", schrieb Friedrich Nietzsche in seiner „Götzen-Dämmerung", allerdings nicht ohne hinzuzufügen: „Nichts ist hässlicher als der entartende Mensch, – damit ist das Reich des ästhetischen Urtheils umgrenzt". (KSA 6, 124) Auch wenn der Begriff der Entartung mittlerweile eine andere Bedeutung als zu Nietzsches Zeit bekommen hat, deutet sich darin ein sublimer Zusammenhang an, der seit der Antike den Diskurs der menschlichen Schönheit begleitet und beherrscht: dass es nämlich einen Zusammenhang zwischen physischer Attraktivität und moralisch-sittlichen Qualitäten gäbe. Menschliche Schönheit befriedigt nicht nur ein interesseloses Wohlgefallen, sie stellt nicht nur ein sexuell-erotisches Signal dar, sondern sie scheint immer auch auf andere, innere, moralische Qualitäten zu verweisen. In der modernen Attraktivitätsforschung haben zahlreiche Untersuchungen immer wieder zu ein und demselben Ergebnis geführt: Schönen Menschen werden wesentlich öfter auch andere positive Eigenschaften zugeschrieben als Menschen, die man als hässlich empfindet. (Renz 2007, 192f.) Solche „Attraktivitätsstereotype" stellen das zeitgemäße Äquivalent zur antiken Konzeption der *Kalokagathia* dar.

Neu ist das nicht. In der im 18. Jahrhundert vor allem von dem Schweizer Pfarrer und Philosophen Johann Caspar Lavater (1741–1801) entwickelten „Physiognomik" wurde der Versuch unternommen, von bestimmten physischen Merkmalen wie Gesichtszüge, Stellung der Augen, Beschaffenheit der Kinnpartien und Ohren, aber auch von Körperhaltungen auf entsprechende Charakterzüge zu schließen. Lavater ging dabei von der Voraussetzung aus, dass Schönheit und Hässlichkeit des Angesichts ein „genaues Verhältnis" zur Schönheit und Hässlichkeit der moralischen Beschaffenheit eines Menschen aufweisen, was ihn zu folgender pointierten Formulierung veranlasste: „Je moralisch besser; desto schöner. Je moralisch schlimmer; desto häßlicher." (Lavater 2004, 53) Lavater betonte allerdings, dass diese Koinzidenz zwischen moralischer Qualifikation und Aussehen nicht Voraussetzung, sondern Resultat der Entwicklung eines Charakters ist. Edle Handlungen und Gesinnungen würden sich auf Dauer ebenso in den Gesichtszügen niederschlagen wie verwerfliche Aktivitäten. Tugend verschönert einen Menschen, das Laster macht ihn hässlich.

Natürlich liegt dieser Konzeption die Idee zugrunde, dass das Gute wie das Böse einem physiognomischen Zeichenrepertoire entsprechen, das die Züge und Haltungen eines Menschen, aufbauend auf dem, was ihm die Natur mitgegeben hat, prägt und formt. Zumindest im Alltag funktioniert dieses Zeichensystem in Ansätzen noch immer: Der offene Gesichtsausdruck und das freundliche Lächeln gehören ebenso dazu wie der verschlagene Blick und das brutale Kinn. Allerdings hatte schon Georg Christoph Lichtenberg (1742–1799) in seiner kritischen Auseinandersetzung mit Lavater die Fragwürdigkeit des Prinzips „Tugend macht schöner, Laster hässlicher" betont, da die Gesichtszüge erstaunlich oft lügen, und zwar, so Lichtenberg, nicht zuletzt deshalb, weil es Menschen gibt, die durch eine Tat sofort gezeichnet werden, während andere etwas „tausendmal" tun können, ohne dass dies in ihrem Gesicht Spuren hinterlässt. (Lichtenberg 1992, 116)

Lavater betrieb seine Physiognomik unter dem Aspekt der Menschenkenntnis, und auch wenn die wissenschaftlichen Beweise für einen strikten Zusammenhang von Aussehen und Charakter ausgeblieben sind, verhalten wir uns im Alltag so, als ob schönere Menschen tatsächlich auch die besseren Menschen wären und deshalb eine andere Art der Aufmerksamkeit und Zuwendung verdienen als weniger attraktive Menschen. Das beginnt damit, dass schöne Kinder von ihren Lehrern bevorzugt werden, das setzt sich darin fort, dass schönere Menschen vor Gericht die besseren Chancen haben, und endet damit, dass attraktive Verkäufer und Verkäuferinnen erfolgreicher sind als weniger attraktive. (Renz 2007, 197ff.) Und dass schönere Menschen als erotische Objekte begehrter sind als weniger schöne, versteht sich fast schon von selbst. Schöne Menschen haben offenbar mehr vom Leben. Der „geheimen Macht der Attraktivität" kann sich kaum jemand entziehen. (Naumann 2006) Die einschlägigen psychologischen Experimente untersuchen allerdings nur den Zusammenhang zwischen Attraktivitätszuschreibungen und damit verbundenen Einstellungen, stellen also keine objektiven Kriterien für Schönheit zur Verfügung. Präziser müsste man also sagen, dass wir Menschen, die wir für schön halten oder die unserem Schönheitsempfinden entsprechen, anders gegenübertreten als den körperlich unattraktiv erachteten – und dies gilt auch dann, wenn wir solche Stereotype bewusst vermeiden wollen.

Maßstäbe der Attraktivität

Es gibt aber auch Versuche, experimentell herauszufinden, ob es für alle oder zumindest die meisten Menschen generelle Merkmale menschlicher Schönheit gibt. Lange galt es als erwiesen, dass das Schönheitsempfinden im Wesentlichen kultur- und milieubedingt ist, und dass es deshalb zahlreichen Wandlungen und Veränderungen unterliegt. Die „Schönheitsideale" – immer bezogen auf den Menschen – der Antike unterscheiden sich doch deutlich von denen des 17. Jahrhunderts, die asiatischer oder afrikanischer Kulturen deutlich von denen der westlichen Welt. Die „Rubens-Frau", die heute bei keiner Model-Agentur eine Chance hätte, wird dafür gerne als Beispiel genannt. In den letzten Jahren lassen aber interkulturelle Untersuchungen doch den Schluss zu, dass es ein Repertoire zentraler Merkmale gibt, die in (fast) allen Kulturen gleichermaßen als schön gelten. Zu den wesentlichen Ergebnissen derartiger Forschungen gehört die Einsicht, dass das Schöne ganz entscheidend mit dem Durchschnittlichen korreliert. Nicht das außergewöhnliche, extravagante, auffallende oder exzentrische Gesicht wird von den meisten Menschen als schön empfunden, sondern das eher unauffällige Durchschnittsgesicht. Sowohl methodisch kontrollierte psychologische Studien, die sich zunehmend auch der Methode des computergenerierten Morphings bedienen, also der Möglichkeit, Bilder allmählich ineinander übergehen zu lassen, als auch die beliebten Votings im Internet, bei denen man unzählige zufällige Nutzer menschliche Gesichter nach einer Attraktivitätsskala bewerten lässt, ergeben, dass sich das Schönheitsideal schnell auf das regelmäßige, aber unauffällige Gesicht einpendelt. (Renz 2007, 44ff.) Natürlich könnte man sagen, dass diese Erkenntnis eine Tautologie darstellt: Je mehr Menschen befragt werden, desto größer ist auch die statistische Wahrscheinlichkeit, dass ihr ästhetischer Geschmack durchschnittlich sein wird, weil ja nichts anderes als eben dieser Durchschnitt ermittelt wird.

Schon Immanuel Kant hatte versucht, diesen Sachverhalt durch den Begriff der „ästhetischen Normalidee" zu charakterisieren, wobei Kant tatsächlich das heute technisch möglich gewordene Verfahren des Morphings als eines optischen Verfahrens antizipierte. Man stelle sich vor, so Kant, man könnte die Bilder aller Menschen, die man gesehen hat, gleichsam aufeinanderfallen lassen, um von der „Kongruenz der mehreren von derselben Art ein Mittleres herauszubekommen", dann hätte man die „Normalidee des schönen Menschen", wobei Kant diese Antizipation noch auf kulturelle Erfahrungsmöglichkeiten einschränkte, weshalb „ein Neger notwendig unter diesen empirischen Bedingungen eine andere Normalidee der Schönheit der Gestalt haben muß als ein Weißer, der Chinese eine andere als der Europäer". (KdU § 17; X, 151ff.) Unter den Bedingungen der Globalisierung fallen diese Beschränkungen weg, und die ästhetische Normalidee der Gegenwart zieht auch den Durchschnitt aller Hautfarben eindeutigen Zuordnungen vor.

Diese empirisch erhobene ästhetische Normalidee, also der kleinste gemeinsame Nenner aller Schönheitsvorstellungen, entspricht aber durchaus individuellen Präferenzen. Legt man ein synthetisch erzeugtes Durchschnittsgesicht einzelnen Versuchspersonen vor, wird es in der Regel für attraktiver gehalten als davon abweichende Darstellungen. Allerdings: Immanuel Kant unterschied diese „Normalidee des Schönen" dann doch vom „Ideal des Schönen", das notwendig ist, damit die Darstellung einer Gestalt nicht nur als „schulgerecht", sondern in einem umfassenden und ausgezeichneten Sinn als wirklich „schön" empfunden wird. Dieses Ideal besteht nach Kant nicht zuletzt im „sichtbaren Ausdruck sittlicher Ideen", die den Menschen „innerlich beherrschen". (KdU § 17; X, 154) Auch hier gehört zum wahrhaft Schönen das Gute – allerdings nicht als notwendige Eigenschaft des Schönen, sondern umgekehrt: als Voraussetzung, damit eine gefällige Form auch tatsächlich in einem emphatischen Sinn als schön wahrgenommen werden kann. Die Differenz zwischen dem Attraktiven als Entsprechung einer Durchschnittsnorm und jener auch emotional berührenden Schönheit, der man seine besondere Aufmerksamkeit schenken möchte, entspricht übrigens durchaus einigen empirischen Befunden, auch wenn die Idee der Sittlichkeit dafür nicht unbedingt entscheidend sein mag. Als ganz besonders schön werden nämlich doch wieder Gesichter empfunden, die sich deutlich durch besondere Merkmale vom Durchschnitt unterscheiden. (Renz, 2007, 54f.)

Was aber sind nun die Merkmale, die ein menschliches Gesicht als schön erscheinen lassen? Empirische Untersuchungen zu dieser Frage gibt es seit Langem, und sie galten in der Regel dem weiblichen Gesicht, auch wenn mittlerweile klar geworden ist, dass physische Attraktivität für beide Geschlechter von annähernd gleich großer Wichtigkeit ist. (Aronson 2009, 318) So wurden in einer 1986 an der University of Louisville durchgeführten Studie männliche Probanden aufgefordert, weibliche Gesichter zu beurteilen, wobei sich herausstellte, dass folgende Faktoren für ein attraktives Aussehen maßgeblich sind: große Augen, kleine Nase, kleines Kinn, hohe Wangenknochen, schmale Wangen, hohe Augenbrauen, große Pupillen und ein offenes Lächeln. (Cunningham 1986, 925ff.) Folgeuntersuchungen bezüglich männlicher Schönheit brachten ähnliche Ergebnisse, allerdings dominierte dabei das kräftige Kinn. Bei Frauen spielt allerdings das „Kindchenschema" eine nicht zu unterschätzende Rolle. Eigenschaften des kindlichen Gesichts wie volle Lippen, überproportional große Augen und eine zarte Kinnpartie machen in der Regel ein weibliches Gesicht schöner. (Aronson 2009, 319) Allerdings lässt sich Schönheit durch Verstärkung dieser Merkmale nicht beliebig steigern. Überproportional aufgespritzte Lippen erzielen mitunter den gegenteiligen Effekt, sie führen nicht zu einem schönen Gesicht, sondern zur „Karikatur eines schönen Gesichts". (Gründl 2007, 63)

Abgesehen davon, müssen diese Faktoren bei beiden Geschlechtern noch durch drei wesentliche Dimensionen ergänzt werden: Glatte Haut, symmetrische Gesichtszüge und Jugendlichkeit. Damit allerdings rückt auch das moderne Schönheitsempfinden in die Nähe der seit Jahrtausenden tradierten Schönheitsideale. Vor allem im Bereich der immer wichtiger werdenden männlichen Schönheit hat die „Obsession für schöne Jünglinge", wie sie in Alltagspraxis, Kunst und Philosophie im antiken Griechenland beobachtet werden kann, in der aktuellen Werbung, und damit in der Selbstwahrnehmung und Fremdbewertung bei Jugendlichen eine „massive Renaissance" erfahren. (Menninghaus 2003, 267) Die durch Magazine, Medien und Modelle verbreiteten schönen Körper entsprechen dann auch oft nicht nur in der Pose den antiken Idealen, sondern auch in fast allen anderen Merkmalen, was etwa Körperbau, Muskeln, Schultern, Hüften und die glatte Haut betrifft. Und je nach Mode und Zeitgeist schwanken auch hier Ausdrucksmöglichkeiten zwischen männlich-kräftigen Gestalten und androgynen Figuren, die eher an Adonis denn an Herkules erinnern.

Schönheitschirurgie

Die Schönheit als Geschenk der Natur ist das eine. Die Schönheit als Resultat von Training, Kosmetik und Chirurgie ist das andere. Der tatsächliche oder auch nur unterstellte Zusammenhang zwischen physischer Schönheit, sozialer Akzeptanz, erotischem Erfolg und beruflichen Karrierechancen hat den Wunsch nach Schönheit in den letzten Jahren zu einem dominanten Aspekt der modernen Gesellschaft erhoben – der Schönheitskult hat Hochkonjunktur. (Posch 2009, 19) Wenn Schönheit sogar „mächtiger als Intelligenz" ist, (Naumann 2006, 210) dann ist es wohl besser, seine Intelligenz in Schönheit zu investieren. Die Modellierung des eigenen Körpers nach den Gesetzen der Schönheit und der Moden hat mittlerweile Ausmaße angenommen, die von manchen kritischen Beobachtern mit Besorgnis gesehen werden. Dass Menschen, die den gesellschaftlich akzeptierten Schönheitskriterien entsprechen, nicht nur im Feld der Sexualität, sondern auch in nahezu allen relevanten sozialen Beziehungen die besseren Chancen und größeren Erfolg zu haben scheinen, lässt manche von einem „*survival of the prettiest*" sprechen, (Etcoff 2001) das letztlich sogar zu einer „Kallokratie", einer Herrschaft der Schönen führen könnte. (Menninghaus 2003, 252f.)

Auch wenn gegen diese These viele, auch empirische Befunde sprechen, ist die Jagd nach der Schönheit unübersehbar und die Bereitschaft, auch teure und schmerzhafte Modifikationen des eigenen Körpers in die Wege zu leiten, stark angestiegen. Die Kunden für Schönheitsoperationen sind mittlerweile beiderlei Geschlechts und aus allen Schichten, neben „klassischen" Eingriffen wie Fettabsaugung, Vergrößern oder Verkleinern der Brüste, Nasen- und Ohrenkorrekturen, Straffen der Haut und Aufspritzen der Lippen (Gilman 2006, 179f.) werden auch jene intimen Regionen des Körpers zunehmend Objekte chirurgischer Manipulationen, die dem öffentlichen Anblick in der Regel versagt sind: Die oft nach dem Vorbild von Pornodarstellerinnen vorgenommene Schamlippenkorrektur – meist Verkleinerung – erfreut sich vor allem auch bei jungen Frauen zunehmender Beliebtheit. (Turkof 2009) Zumindest in den USA ist seit erfolgreichen Castingshows wie „The Swan", wo dank der plastischen Chirurgie vor laufenden Kameras hässliche Entleins als strahlende Schwäne ins Licht der Scheinwerfer treten, (Gilman 2006, 177) die chirurgische Arbeit am Körper im Dienste der Schönheit auch massenmedial akzeptiert.

Was verbirgt sich hinter diesem Trend? Bedeutet dies die Unterwerfung der Menschen unter das Diktat einer immer umfassenderen Schönheitsindustrie oder einen weiteren Schritt zur Selbstgestaltung des Körpers und damit zur Selbstbestimmung? In aktuellen Diskussionen wird die Frage der Schönheitschirurgie mitunter in einem umfassenderen Kontext gesehen, in dem es generell um die Frage der Manipulation und Modifikation des eigenen Körpers, um das „Projekt Körper" geht. (Posch 2009, 45ff.) Es stellt sich die Frage, ob bei diesen Versuchen der Körper tatsächlich nur den Diktaten und Vorstellungen einer medial vermittelten Schönheitsindustrie unterworfen wird, oder ob es dabei auch um eine Form der Körpererfahrung, letztlich der physisch-ästhetischen Selbstbestimmung geht. Diese Spannung zwischen „Selbstermächtigung und Selbstunterwerfung" (Villa 2008, 245) wird dann auch in die Nähe jener ästhetischen Experimente gerückt, die in der zeitgenössischen Performancekunst den eigenen Körper zum Gegenstand oft schmerzhafter und schockierender Inszenierungen machten. (Brunner 2008, 21) Tatsächlich war der menschliche Körper von allem Anbeginn ein Gegenstand nicht nur der Betrachtung, sondern auch und vielleicht vor allem der Formung, Gestaltung und Veränderung, wobei neben den ästhetischen auch andere Aspekte von Bedeutung waren und sind.

Die Botschaft des geformten Körpers

In dem Maße, in dem der Mensch aufhört, reines Naturwesen zu sein, und beginnt, nicht nur die Mittel zur Befriedigung seiner Bedürfnisse, sondern auch sich selbst zu produzieren, wird auch der Körper den jeweils geltenden Normen, Wünschen und ästhetischen Ansprüchen unterworfen. Wie unterschiedlich in den verschiedenen Kulturen diese Arbeit am Körper auch ausfallen mochte – entscheidend ist, dass zu keiner Zeit der Körper des Menschen in seinem natürlichen Zustand belassen worden war. Der Körper war immer schon Träger sozialer, erotischer und ästhetischer Botschaften, er wurde geschmückt und mit Ornamenten versehen, geformt, trainiert und verändert, verhüllt und enthüllt, in Szene gesetzt, dann wieder verborgen und nicht zuletzt operativen Eingriffen ausgesetzt. Der Körper wird, wenn auch in unterschiedlichen Intensitäten, von den Menschen als „Baustelle" begriffen, an der ständig gearbeitet werden muss. (Posch 2009, 144)

Über den Körper und seine Präsentation wurden und werden soziale Differenzen ebenso kommuniziert wie erotische Signale, Zugehörigkeiten und Vorlieben. Werthaltungen und Statusfragen finden ihre Ausdrucksformen nicht nur, aber ganz wesentlich über den Körper, die Geschlechterdifferenz wird ebenso über die Formierung des Körpers codiert wie die offene oder versteckte Andeutung bestimmter sexueller Präferenzen. *Körper-Shaping*, also die Bemühungen, den Körper mit welchen Mitteln auch immer zu formen, lässt sich deshalb immer auch als Etablierung eines Zeichenrepertoires deuten, das nicht nur über ästhetische Normen und Präferenzen, sondern auch über die sozialen und symbolischen Ordnungen einer Gesellschaft Auskunft gibt. Aber auch in einem ganz elementaren Sinn bestimmt die Art und Weise, wie ein Mensch sich zu seinem Körper verhält, sein Dasein in einem sozialen Kontext. Wie jemand riecht, ob jemand gepflegt oder ungepflegt erscheint, geschminkt oder ungeschminkt, frisiert oder unfrisiert, in seiner Haltung straff oder nachlässig, im Auftreten dynamisch oder verschreckt, aufrechter Gang oder gebücktes Schleichen – all das bestimmt, oft unbewusst, unsere Wahrnehmungen und entscheidet über Fragen der Sympathie oder Antipathie, Toleranz oder Intoleranz, über Vertrauen oder Vorsicht, lange bevor wir uns kommunikativ mit unserem Gegenüber auseinandersetzen. Lavaters Physiognomik wirkt im Alltag gegen alle Vernunft allenthalben noch nach. In dem Maße, in dem der Körper, seine Darstellung und seine Inszenierung eines der entscheidenden primären Signale darstellt, das wir, ob wir wollen oder nicht, an unsere soziale Umgebung senden, wird auch verständlich, dass eben dieser Körper nicht in seiner unmittelbaren Natürlichkeit belassen werden kann. Im Gegensatz zu früheren Kulturen erlauben allerdings Medizin und ihr angeschlossene Technologien zunehmend direkte Eingriffe in die Physis des Menschen, der nun nicht mehr auf Schminke, Kleider und Kosmetik angewiesen ist, um seine körperlichen Defizite zu kaschieren, sondern die Übel an der Wurzel packen kann. Die Mode der Gegenwart deckt dann auch solche Mängel nicht mehr großzügig zu, sondern legt sie unbarmherzig frei. (Menninghaus

2003, 265) Wer nicht schlank und wohlproportioniert ist, passt in keine Designer-Jeans.

Als Ausdrucksträger wird der Körper schon und vor allem bei den frühen Kulturen bearbeitet, Hautbemalungen und die Formung und Verformung bestimmter Körperteile – Lippen, Nasen, Füße – finden sich hier ebenso wie die Ergänzung des Körpers durch künstliche Gegenstände: Nasen- oder Ohrenringe, Ketten, Haarnadeln und dergleichen mehr. Im Gegensatz zu den modernen Versuchen, den Körper nach ästhetischen Überlegungen zu korrigieren, können diese Eingriffe in den Körper, die *Tattoos*, *Piercings* und *Brandings* als „Inschriften" aufgefasst werden, die den eigenen Körper sichtbar „kommentieren", um ihm einen unverwechselbaren „Charakter" zu geben – immerhin leitet sich das Wort „Charakter" vom griechischen *chárassein* ab, was soviel wie Einritzen oder Einschärfen bedeutet. (Meyer-Drawe 2007, 225f.) Und auch dort, wo die vermeintlich unbearbeitete Nacktheit zu einem kulturellen Wert wurde wie in der griechischen Antike, war es stets eine stilisierte und in hohem Maße inszenierte Nacktheit; dort aber, wo die Nacktheit tabuisiert wurde, fungierten die Kleiderordnungen nicht nur als Verhüllung, sondern auch als Modifikationen des Körpers und seiner Teile. Vor allem eine erotisch aufgeladene Mode versteht sich seit dem antiken Ägypten und der minoischen Kultur als Verstärkung jener Körperteile, denen besonderes Augenmerk geschenkt werden soll. „Natürlichkeit" kann in diesem Kontext als ein spätes Ideal gewertet werden, das vor der Romantik nicht virulent wird und selbst als Resultat höchster Kunstanstrengung gesehen werden muss.

Grundsätzlich verweist der Körper und seine Formung allerdings auf ein fundamentales Problem des Menschen: Wir stehen zu unserem Körper in einer zweifachen Weise. Einmal *sind* wir unser Körper – unsere Identität, unser Dasein, unser Fühlen, unsere Handlungen, unser In-der-Welt-Sein ist nur durch den Körper erfahrbar. Wir können uns von unserem Körper auch nicht trennen, wie groß die diesbezüglichen Sehnsüchte, die in manchen Religionen formuliert worden sind, auch sein mögen. Und zudem ist der Körper auch der Ort aller primären Lust- und Schmerzerfahrungen, als dieser aber ist er schon doppelt besetzt. Wir erfahren diese Lust und diesen Schmerz als identisch mit unserem Leib, wir sind in diesen Momenten ganz eins mit ihm, aber genau diese Dimension existenzieller Erfahrung, vor allem die Erfahrung der Lust, erlaubt es auch, den Körper als ein Instrument aufzufassen, das uns diese Lust schaffen soll. Wir sind also nicht nur identisch mit unserem *Leib*, wir sind auch getrennt von ihm, indem wir einen *Körper haben*. Der Anthropologe Helmuth Plessner (1892–1985) hat dies überhaupt für ein Wesensmerkmal des Menschen gehalten, wenn er von dem „Doppelaspekt der Existenz als *Körper* und *Leib*" spricht. (Plessner 2003, IV, 367) Als bewusste und selbstreflexive Wesen können wir uns in ein Verhältnis zu unserem Körper setzen, wir können ihn als ein Medium, ein Mittel, ein Instrument betrachten, das wir für verschiedene Zwecke einsetzen und deshalb auch optimieren können. Der Körper wird zum Material, das wie alles Material bearbeitet und gestaltet, im Wortsinn gebildet werden kann. Am Anfang der europäischen Bildungstradition steht so auch das *gymnásion*, die Bildungsstätte für den nackten, jungen, männlichen Körper.

Unter ethischen Gesichtspunkten provoziert diese Möglichkeit, den Körper selbst zu instrumentalisieren, natürlich die Frage nach der Verantwortung, die man seinem Körper gegenüber hat. Ob der Körper, seine Bildung und seine Erfahrungspotenziale als Selbstzweck fungieren, war, vor allem im christlichen Kontext, höchst umstritten. Als Quelle der Lust galt der Körper als Signatur der Sündhaftigkeit, es galt nicht, ihn zu entfalten, sondern ihn in seiner Dynamik einzuschränken, zu kasteien und dem Willen des gläubigen Menschen unterzuordnen. Aber auch in einer säkularisierten Moral – man denke an Immanuel Kant – waren der Körper und seine Neigungen den Prinzipien der praktischen Vernunft unterworfen, diese allerdings forderten so etwas wie Pflichten sich selbst gegenüber ein, zu denen auch der Anspruch gehörte, den Körper nicht als reines Mittel zum Zweck zu missbrauchen. Kant hatte in seiner „Metaphysik der Sitten" die Pflichten des Menschen gegen sich selbst aus zwei Grundsätzen abgeleitet: „Lebe der Natur gemäß" und „mache dich vollkommener, als die bloße Natur dich schuf". (MdS, VIII, 552) Ein Vernunftwesen, das frei und selbstbestimmt handeln kann, darf gerade aus dieser Freiheit heraus seinen Körper weder verkaufen noch beliebigen Zwecken unterwerfen, missbrauchen oder verstümmeln. Der Respekt und die Achtung, die wir anderen Menschen und ihrer körperlichen Integrität entgegenbringen müssen, gelten auch unserem eigenen Körper gegenüber. Sehr wohl gehört es zu den Pflichten sich selbst gegenüber, für seinen Körper zu sorgen, auf seine Gesundheit zu achten und durch eine geeignete maßvolle Lebensweise seine Funktionsweise zu gewährleisten. Selbstmord, der unnatürliche Gebrauch seiner Geschlechtsneigungen und der unmäßige Genuss von Nahrungsmitteln waren für Kant dann auch die paradigmatischen Laster, die dieser Selbstverpflichtung widersprechen. Und was die Vervollkommnung betrifft: Natürlich dachte Kant nicht an die technische Vervollkommnung des Körpers, sondern an einen Souveränitätsgewinn der Vernunft gegenüber den Neigungen des Körpers. Aber dieser Souveränitätsgewinn könnte sich auch in einer Optimierung des Körpers ausdrücken, solange diese den Prinzipien der praktischen Vernunft folgt. Ohne die Frage nach den ethischen Grenzen des Umgangs mit dem eigenen Körper weiter zu vertiefen, dürfte die Brisanz dieser Problematik auf der Hand liegen. Bei vielen Verfahren, die gegenwärtig unter dem Titel *Body-Modification* diskutiert werden, ist es offensichtlich, dass die Grenzen zwischen Selbstformung und Selbstverstümmelung, zwischen Verletzung und Gestaltung, zwischen Schönheitschirurgie und bewusster Verhässlichung so leicht nicht zu ziehen sind. (Kasten 2006)

Warum schön?

Angesichts dieser Entwicklungen stellt sich nicht nur die Frage nach den Möglichkeiten und ethisch-ästhetischen Grenzen der Selbstformung, sondern auch die Frage nach den Normen, Maßstäben und Kriterien, nach denen diese Eingriffe und Umdeutungen des Körpers vorgenommen werden. Tatsache ist, dass jede Kultur bestimmte Vorstellungen vom Körper entwickelt, bei denen Fragen der Proportionen, der Harmonie und der Symmetrie der Körperteile und Gesichtszüge eine nicht unwesentliche Rolle spielen, ebenso wie Jugendlichkeit, glatte Haut und straffe Muskeln. Die aktuellen Untersuchungen zur Attraktivitätsforschung bestätigen nicht nur diese Kategorien, sondern legen auch nahe, dass es vor allem eine gewisse Durchschnittlichkeit ist, die von vielen als ästhetisch ansprechend empfunden wird. All diese Befunde können allerdings nicht darüber hinwegtäuschen, dass Schönheitsideale immer auch kulturell modifiziert und medial kommuniziert werden müssen. Und auch hier steht die Gegenwart vor einer völlig neuen Situation.

Im Gegensatz zu Gesellschaften, die keinen hohen Stand der technischen Bildreproduktion kannten, wird unsere Kultur in einem bisher nicht gekannten Ausmaß durch Bilder im Wortsinn geprägt. Ein Gedankenexperiment mag dies erläutern. Der durchschnittliche Mensch des Mittelalters konnte die Erfahrung des Schönen nur selten und nur an ganz wenigen ausgewählten Orten machen: An den schönen und gepflegten Menschen in seinem Umkreis – Adelige und Bürger –, am Prunk und der Kunst sakraler und profaner Bauten, sofern er sie betreten konnte, an den seltenen natürlichen Schönheiten seiner dörflichen Umgebung. Elaborierte normative Vorstellungen vom Schönen waren auf wenige gebildete Menschen begrenzt, und die Sakralkunst, deren Bilder als *biblia pauperum* fungierten, ging mit weltlichen Schönheitsidealen äußerst sparsam um. Der Leidensweg des Gekreuzigten und die Martyrien der Heiligen waren wahrlich kein schöner Anblick.

Der Mensch der Gegenwart ist jedoch von einer ungeheuren Ansammlung von Bildern schöner Menschen umgeben, deren normative Kraft auch dann wirksam wäre, wenn sie ihre Botschaft weniger penetrant verkündeten. Angesichts dieser Bilderflut muss fast jeder Körper defizitär erscheinen, insbesondere, ja paradoxerweise auch dann, wenn diese Bilder Resultat digitaler Manipulationen sind, denen keine Realität mehr entspricht und entsprechen kann. Fast notgedrungen muss fast jeder Mensch in seinem natürlichen Zustand an diesen Normen scheitern. (Gasper/Gasper 2005, 45) Die Korrekturen, die wir an den Körpern vornehmen müssen, orientieren sich an diesen Bildern, auch wenn oft noch zusätzliche Werte mit diesen Schönheitsidealen transportiert werden: Gesundheit vor allem, aber auch Fitness und Langlebigkeit.

Die Palette der Möglichkeiten, den Körper zu modellieren, ist dann auch groß und die Unterschiede, die es dabei gibt, dürfen nicht unterschätzt werden. Eine traditionelle, seit Urzeiten betriebene Ästhetisierung des Körpers etwa beruht auf der Möglichkeit der Illusionierung. Durch Schminke, Bäder, raffinierte Kleidung und Frisuren, eintrainierte Haltungen und Bewegungen kann der Schein von Schönheit erzeugt werden, der höchst vergänglich ist. Lange galt deshalb die geschminkte Frau als verwerflich, weil sie eine Schönheit vortäuschte, die sie nicht besaß. Andererseits sind diese Methoden wie auch die Bildung des Körpers durch Sport und Training reversibel. Die Schminke kann abgetragen werden, das wahre Gesicht kommt zum Vorschein, der straffe Bauch verschwindet ohne Training, der wahre Charakter entpuppt sich in der Disziplinlosigkeit. Die modernen chirurgischen, bald wohl auch genetischen Manipulationen machen Schluss mit diesem Spiel von Sein und Schein, das bislang zu den wesentlichen Momenten unserer Kultur der Schönheit zählte. Nun wird das Sein selbst einem neuen Design unterworfen, das so leicht nicht mehr rückgängig gemacht werden kann und auch die Frage nach dem Verhältnis von Sein und Schein hinfällig werden lässt. Die chirurgisch optimierte Figur ist nun tatsächlich schlanker, während der in ein Korsett gepresste Körper seine schmale Taille nur vortäuschte. Während aber die unmodisch gewordene Frisur jederzeit revidiert werden kann, ist die nach einem zeitbedingten Ideal modifizierte Nase nicht so leicht zu verändern. Aber auch die Ergebnisse von Schönheitsoperationen sind nicht endgültig; sie können und müssen mitunter – sofern möglich – durch weitere schmerzhafte Schönheitsoperationen korrigiert und überboten werden.

Wir können aber auch nicht darüber hinwegsehen, dass die alte platonische Gleichung, nach der das Schöne auch das Gute, zumindest das Bessere sei, im Alltag zumindest noch immer nahezu ohne Einschränkung funktioniert. Lange konnten wenigstens Männer davon profitieren, nicht unbedingt schön, sondern nur „interessant" sein zu müssen. Unter den aktuellen Bedingungen einer nicht zuletzt homoerotisch getönten Modellierung auch des männlichen Körpers wird diese Möglichkeit, dem Attraktivitätsimperativ zu entgehen, eingeschränkt. Und dass es nicht auf das Äußere, sondern auf die „inneren Werte" eines Menschen ankomme – diese christologisch fundierte Weisheit muss in einer Welt ihre Plausibilität verlieren, die einerseits am antiken Ideal der *Kalokagathia* festhält, aber das Strahlen der äußeren Schönheit nicht aus der Arbeit am moralischen Subjekt, sondern umgekehrt die moralische Qualität aus einem Erscheinungsbild ableitet, das zunehmend der Machbarkeit und damit der Verantwortung der Menschen zugewiesen wird.

Unter diesen Bedingungen ist der Wunsch, in einem konventionellen Sinn schön zu sein, nahezu unausweichlich. Wenn Schönheit sowohl auf dem Beziehungs- als auch auf dem Arbeitsmarkt die Chancen signifikant erhöht, wäre es höchst problematisch, diese Vorteile nur jenen zu überlassen, die durch die Gunst der Natur das Glück haben, dieser Norm zu entsprechen. Die natürliche Schönheit, so könnte man pointiert formulieren, ist nämlich der sichtbarste Ausdruck für den „Skandal der natürlichen Ungleichheit" der Menschen, Schönheit ist an sich „undemokratisch verteilt", und man kann sie nicht einfach umverteilen. (Bolz 2009, 41) Schönheit kennt jenseits jeder individuellen Leistung eindeutig Bevorzugte und Benachteiligte. Der vielleicht sympathische, ironisch vorgetragene Aufstand der weniger Schönen, der unter der Parole „Herrlich hässlich!" vorgetragen wurde, (Gasper/Gasper 2005) wird daran wohl nicht viel ändern.

Die Industrialisierung der Schönheit und die verfeinerten Technologien der Produktion künstlicher Schönheit werben deshalb auch mit einer damit verbundenen „Demokratisierung des Schönheitsimperativs". (Posch 2009, 64) Schönheit wird zu einer Ware, die allmählich aufhört, als Ausdruck natürlicher Bevorzugung nur wenigen zugänglich zu sein; zumindest den Mittelschichten steht dieser Weg mittlerweile offen. Das Unbehagen aber bleibt. Abgesehen von der Frage, inwieweit die Schönheit des Menschen als eindeutig identifizierbares Kunstprodukt akzeptiert wird, werden damit auch eindeutige Normen vorgegeben und durchgesetzt, die soziale Spannungen noch verschärfen können. Menschen, die sich dem Diktat der Schönheitsindustrie verweigern, leiden zunehmend unter schwindender sozialer Akzeptanz, (Posch 2009, 215) die Elite des 21. Jahrhunderts ist oder hält sich für „tendenziell schön", und wer deren ästhetischen Körpervorstellungen nicht entspricht, muss mit dem Vorwurf rechnen, dass sein unförmiger Körper Ausdruck eines falschen, moralisch verwerflichen Lebenswandels ist. (Posch 2009, 67) Erst eine Gesellschaft, die den Zusammenhang zwischen Anerkennung, Liebe und Erfolg mit der Schönheit der Erscheinung radikal kappen könnte, setzte ihre Mitglieder nicht mehr dem Druck aus, das Selbstwertgefühl durch die radikale Manipulation des Körpers zu steigern. Von solch einer Gesellschaft sind wir weiter entfernt denn je. Das Versprechen der Schönheit erweist sich auch hier als trügerisch.

Anhang

Literatur

Primärliteratur

Adorno, Theodor W.: Ästhetische Theorie. Gesammelte Schriften, Bd. 7. Frankfurt/Main: Suhrkamp 1984.

— Kulturkritik und Gesellschaft I. Prismen, Ohne Leitbild. Gesammelte Schriften, Bd. 10/1. Frankfurt/Main: Suhrkamp 1977.

— Minima Moralia. Gesammelte Schriften, Bd. 4. Frankfurt/Main: Suhrkamp 1984.

Anders, Günther: Mensch ohne Welt. Schriften zur Kunst und Literatur. München: Beck 1984.

Aristoteles: Poetik. Griechisch/Deutsch, übersetzt von Manfred Fuhrmann. Stuttgart: Reclam 1994.

Assunto, Rosario: Die Theorie des Schönen im Mittelalter. Mit Quellentexten. Köln: Dumont 1982.

Barthes, Roland: Die Sprache der Mode. Frankfurt/Main: Suhrkamp 1985.

Batteux, Charles: Einleitung in die Schönen Wissenschaften. Nach dem Französischen, mit Zusätzen vermehret von Karl Wilhelm Ramler. 3. verbesserte Aufl., 4 Bde. Leipzig: Weidmann 1769.

Baumgarten, Gottlieb Alexander: Ästhetik. Lateinisch–Deutsch. Zwei Bände, hg. und übersetzt von Dagmar Mirbach. Hamburg: Meiner 2007.

Benjamin, Walter: Das Kunstwerk in Zeitalter seiner technischen Reproduzierbarkeit. Frankfurt/Main: Suhrkamp 1979.

Bense, Max: Aesthetica. Einführung in die neue Ästhetik. Baden–Baden: Agis 1982.

Birkhoff, George David: Aesthetic Measure. Whitefish: Kessinger Publishing 2003.

Böhme, Gernot: Für eine ökologische Naturästhetik. Frankfurt/Main: Suhrkamp 1989.

Böhme, Hartmut: Zeiten der Mode. In: Kunstforum International 197/2009, 49–83.

Broch, Hermann: Dichten und Erkennen. Essays 1. Gesammelte Werke 6, hg. v. Hannah Arendt. Zürich: Rhein 1955.

Burke, Edmund: Philosophische Untersuchungen über den Ursprung unserer Ideen vom Erhabenen und Schönen, hg. von Werner Strube. Hamburg: Meiner 1980.

Cunningham, Michael R.: Measuring the physical in physical attractiveness: Quasi-experiments on the sociobiology of female facial beauty. In: Journal of Personality and Social Psychology 50/1986, 925–935.

Darwin, Charles: Die Abstammung des Menschen und die geschlechtliche Zuchtwahl. Aus dem Englischen übersetzt von J. Victor Carus. Zwei Bände. Stuttgart: E. Schweizerbart'sche Verlagshandlung 1875.

Dettmar, Ute/Küpper, Thomas (Hg.): Kitsch. Texte und Theorien. Stuttgart: Reclam 2007.

Eco, Umberto: Die Geschichte der Hässlichkeit. Mit Quellentexten. München: Hanser 2007.

— Die Geschichte der Schönheit. Mit Quellentexten. München: Hanser 2004.

Ehrenfels, Christian von: Ästhetik. Philosophische Schriften 2, hg. von Reinhard Fabian. München–Wien: Philosophia 1986.

Ficino, Marsilio: Über die Liebe oder Platons Gastmahl, übersetzt von Karl Paul Hasse. Hamburg: Meiner 1984.

Franck, Georg: Ökonomie der Aufmerksamkeit. Ein Entwurf. München: Hanser 1998.

Freud, Sigmund: Das Unbehagen in der Kultur. Studienausgabe Bd. IX. Frankfurt/Main: Fischer 1982, 191–270.

Goethe, Johann Wolfgang von: Werke. Hamburger Ausgabe (HA) in vierzehn Bänden, hg. von Erich Trunz. München: Beck 1978.

Grassi, Ernesto: Die Theorie des Schönen in der Antike. Mit Quellentexten. Köln: Dumont 1980.

Greenberg, Clement: Avantgarde und Kitsch. In: Die Essenz der Moderne. Ausgewählte Essays und Kritiken, hg. von Karlheinz Lüdeking. Dresden: Verlag der Kunst 1997, 29–55.

Haeckel, Ernst: Kunstformen der Natur. Leipzig und Wien: Bibliographisches Institut 1899. Vollständige elektronische Faksimile-Ausgabe unter: http://caliban.mpiz-koeln.mpg.de/~stueber/haeckel/kunstformen/natur.html

Hanslick, Eduard: Vom Musikalisch-Schönen. Ein Betrag zur Revision der Ästhetik der Tonkunst. Darmstadt: Wissenschaftliche Buchgesellschaft 1991 (Reprint der Ausgabe Leipzig 1854).

Haug, Wolfgang Fritz: Kritik der Warenästhetik. Überarbeitete Neuausgabe. Gefolgt von Warenästhetik im High-Tech-Kapitalismus. Frankfurt/Main: Suhrkamp 2009.

Hegel, Georg Wilhelm Friedrich: Frühe Schriften. Werke in zwanzig Bänden, hg. von Eva Moldenhauer und Karl Markus Michel, Bd. 1. Frankfurt/Main: Suhrkamp 1971.

— Vorlesungen über die Ästhetik I–III. Werke in zwanzig Bänden, hg. von Eva Moldenhauer und Karl Markus Michel, Bd. 13–15. Frankfurt/Main: Suhrkamp 1970.

Herder, Johann Gottfried: Kalligone. Vom Angenehmen und Schönen. Frankfurt und Leipzig: Hartknoch 1800.

Hobbes, Thomas: Vom Menschen. Vom Bürger. Elemente der Philosophie II/III, hg. von Günter Gawlick. Hamburg: Meiner 1994.

Homer: Odyssee. Griechisch/Deutsch. Übersetzung von Johann Heinrich Voss. Augsburg: Weltbild 1994.

Hume, David: Vom schwachen Trost der Philosophie. Essays. Auswahl, Übersetzung und Nachwort von Jens Kulenkampff. Göttingen: Steidl 1990.

Jäger, Michael: Die Theorie des Schönen in der italienischen Renaissance. Mit Quellentexten. Köln: Dumont 1990.

Kant, Immanuel: Anthropologie in pragmatischer Hinsicht. In: Schriften zur Anthropologie, Geschichtsphilosophie, Politik und Pädagogik 2. Werkausgabe, hg. von Wilhelm Weischedel, Bd. XII. Frankfurt/Main: Suhrkamp 1978, 399–694.

— [KdU]: Kritik der Urteilskraft. Werkausgabe, hg. von Wilhelm Weischedel, Bd. X. Frankfurt/Main: Suhrkamp 1975.

— [MdS]: Metaphysik der Sitten. Werkausgabe, hg. von Wilhelm Weischedel, Bd. VIII. Frankfurt/Main: Suhrkamp 1979.

Klopstock, Friedrich Gottlieb: Werke in einem Band, hg. von Karl-Heinz Hahn. Berlin und Weimar: Aufbau 1983.

Lavater, Johann Caspar: Physiognomische Fragmente. Stuttgart: Reclam 2004.

Leibniz, Gottfried Wilhelm: Philosophische Schriften, hg. von Hans Heinz Holz. Fünf Bände. Darmstadt: Wissenschaftliche Buchgesellschaft 1985.

Lessing, Gotthold Ephraim: Werke, hg. von Herbert G. Göpfert. Sechs Bände. München: Hanser 1996.

Lichtenberg, Georg Christoph: Über Physiognomik; wider die Physiognomen. Schriften und Briefe II, hg. von Franz H. Mautner. Frankfurt/Main: Insel 1992.

Marinetti, Filippo Tommaso: Manifest des Futurismus (1909). In: Harrison, Charles/Wood, Paul (Hg.): Kunsttheorie im 20. Jahrhundert. Band I: 1895–1941. Ostfildern–Ruit: Gerd Hatje 1998, 183–187.

Marx, Karl: Ökonomisch-philosophische Manuskripte (1844). In: Marx-Engels-Werke (MEW), Erg. Bd. 1. Berlin: Dietz 1973, 465–590.

Moritz, Karl Philipp: Werke, hg. von Horst Günther. 3 Bde. Frankfurt/Main: Insel 1981.

Nietzsche, Friedrich: Sämtliche Werke. Kritische Studienausgabe in 15 Bänden, hg. von Giorgio Colli und Mazzino Montinari (KSA). München: dtv 1980.

Novalis: Werke, hg. von Gerhard Schulz. München: Beck 2001.

Platen, August Graf von: Werke. 2 Bände. Elberfeld: Verlagsbuchhandlung o. J.

Platon: Das Gastmahl. Sämtliche Dialoge, Bd. III, hg. von Otto Apelt. Hamburg: Meiner 1988.

— Der größere Hippias. Sämtliche Dialoge, Bd. III, hg. von Otto Apelt. Hamburg: Meiner 1988.

— Philebos. Sämtliche Dialoge, Bd. IV, hg. von Otto Apelt. Hamburg: Meiner 1988.

— Der Staat. Sämtliche Dialoge, Bd. V, hg. von Otto Apelt. Hamburg: Meiner 1988.

— Timaios. Sämtliche Dialoge, Bd. VI, hg. von Otto Apelt. Hamburg: Meiner 1988.

Plessner, Helmuth: Die Stufen des Organischen und der Mensch. Gesammelte Schriften IV. Darmstadt: Wissenschaftliche Buchgesellschaft 2003.

Plinius der Ältere: Naturkunde/Naturalis historia. Lateinisch–Deutsch, hg. und übersetzt von Gerhard Winkler in Zusammenarbeit mit Roderich König. Buch 35. München: Artemis & Winkler 1993.

Plotin: Schriften, übersetzt von Richard Harder. 6 Bände. Darmstadt: Wissenschaftliche Buchgesellschaft 1999.

Rilke, Rainer Maria: Sämtliche Werke, hg. von Ernst Zinn. 6 Bände. Frankfurt/Main: Insel 1987.

Rosenkranz, Karl: Ästhetik des Häßlichen. Darmstadt: Wissenschaftliche Buchgesellschaft 1979 (Reprint der Ausgabe Königsberg 1853).

Rüegg, Walter (Hg.): Antike Geisteswelt I. Hanau: Dausien 1986.

Sartre, Jean-Paul: Was ist Literatur?, hg. von Traugott König. Reinbek bei Hamburg: Rowohlt 1981.

Schelling, Friedrich Wilhelm Joseph: Ausgewählte Schriften in sechs Bänden. Frankfurt/Main: Suhrkamp 1985.

Schiller, Friedrich: Sämtliche Werke, hg. von Gerhard Fricke und Herbert G. Göpfert. Fünf Bände. München: Hanser 1993.

Schlegel, Friedrich: Kritische Schriften und Fragmente. Studienausgabe in sechs Bänden, hg. von Ernst Behler und Hans Eichner. Paderborn: Schöningh 1988.

Schopenhauer, Arthur: Metaphysik des Schönen (1820), hg. und eingeleitet von Volker Spierling. München: Piper 1985.

— Sämtliche Werke in fünf Bänden. Textkritisch bearbeitet und hg. von Wolfgang Frhr. von Löhneysen. Frankfurt/Main: Suhrkamp 1986.

Seel, Martin: Eine Ästhetik der Natur. Frankfurt/Main: Suhrkamp 1991.

Simmel, Georg: Die Mode. In: G.S.: Philosophische Kultur. Gesammelte Essais. Berlin: Wagenbach 1983, 26–51.

Stendhal (d. i. Henri Beyle): Über die Liebe. Vollständige Ausgabe. Aus dem Französischen von Walter Hoyer. Frankfurt/Main: Insel 1975.

Sulzer, Johann Georg: Allgemeine Theorie der Schönen Künste. In einzeln, nach alphabetischer Ordnung der Kunstwörter auf einander folgenden, Artikeln abgehandelt. Leipzig: M. G. Weidmanns Erben und Reich 1771/1774.

Veblen, Thorstein: Theorie der feinen Leute. Eine ökonomische Untersuchung der Institutionen. München: dtv 1981.

Vischer, Friedrich Theodor: Mode und Zynismus. In: Bovenschen, Silva (Hg.): Die Listen der Mode. Frankfurt/Main: Suhrkamp 1986, 33–79.

Wilde, Oscar: Werke in drei Bänden, hg. von Rainer Gruenter. München: Hanser 1977.

Winckelmann, Johann Joachim: Werke in einem Band, hg. von Helmut Holtzhauer. Berlin und Weimar: Aufbau 1982.

Zimmermann, Robert: Allgemeine Ästhetik als Formwissenschaft. Wien: Braumüller 1865.

Sekundärliteratur

Aronson, Elliot/Wilson, Timothy/Akert, Robin M.: Sozialpsychologie. München: Pearson Education 2009.

Bartels, Klaus: Roms sprechende Steine. Inschriften aus zwei Jahrtausenden. Mainz: von Zabern 2004.

Batchelor, David: Chromophobie. Angst vor der Farbe. Aus dem Englischen von Michael Huter. Wien: WUV 2002.

Belting, Hans: Das Ende der Kunstgeschichte. Eine Revision nach zehn Jahren. München: Beck 1995.

Bolz, Norbert: Diskurs über die Ungleichheit. Ein Anti-Rousseau. München: Fink 2009.

Bovenschen, Silvia: Über die Listen der Mode. In: Bovenschen, Siliva (Hg.): Die Listen der Mode. Frankfurt/Main: Suhrkamp 1986, 10–32.

Breuer, Stefan: Ästhetischer Fundamentalismus. Stefan George und der deutsche Antimodernismus. Darmstadt: Wissenschaftliche Buchgesellschaft 1995.

Breuninger, Renate (Hg.): Das Schöne. Ulm: Humboldt-Studienzentrum 2007.

Brin, Irene: Morbidezza. Kleine Geschichte des Snobismus zwischen den großen Kriegen. Aus dem Italienischen von Sigrid Vagt. Berlin: Rotbuch 1986.

Brinkmann, Vinzenz/Wünsche, Raimund (Hg.): Bunte Götter. Die Farbigkeit antiker Skulptur. München: Glyptothek 2004.

Brunner, Markus: „Körper im Schmerz" – Zur Körperpolitik der Performancekunst von Stelarc und Valie Export. In: Villa, Paula-Irene (Hg.): schön normal. Manipulationen am Körper als Technologien des Selbst. Bielefeld: transcript 2008, 21–40.

Büttner, Stefan: Antike Ästhetik. Eine Einführung in die Prinzipien des Schönen. München: Beck 2006.

Cacciari, Massimo: Gewalt und Harmonie. Geo-Philosophie Europas. München: Hanser 1995.

Cramer, Friedrich/Kaempfer, Wolfgang: Die Natur der Schönheit. Zur Dynamik der schönen Formen. Frankfurt/Main: Insel 1992.

Damnjanovic, Milan: Eduard Hanslick als Begründer der modernen Musikästhetik. In: Benedikt, Michael/Knoll, Reinhold (Hg.): Verdrängter Humanismus – Verzögerte Aufklärung. 3. Band: Bildung und Einbildung. Vom verfehlten Bürgerlichen zum Liberalismus. Philosophie in Österreich (1820–1880). Klausen-Leopoldsdorf: Editura Triade 1995, 717ff.

Danto, Arthur C.: The Abuse of Beauty. Aesthetics and the Concept of Art. Chicago and La Salle: Open Court 2003.

Deschner, Karlheinz: Kitsch, Konvention und Kunst. Eine literarische Streitschrift. Erweiterte Neuausgabe 1980. Frankfurt/Main–Berlin: Ullstein 1991.

Doering, Pia Claudia: Die Schönheit – Nur ein Glücksversprechen? Hobbes, Stendhal, Baudelaire. In: Westerwelle, Karin: Charles Baudelaire: Dichter und Kunstkritiker. Würzburg: Königshausen & Neumann 2007, 107–122.

Eberle, Matthias: Individuum und Landschaft. Zur Entstehung und Entwicklung der Landschaftsmalerei. Gießen: anabas 1986.

Eco, Umberto: Kunst und Schönheit im Mittelalter. Aus dem Italienischen von Günter Memmert. München: Hanser 1991.

— Das offene Kunstwerk. Übersetzt von Günter Memmert. Frankfurt/Main: Suhrkamp 1977.

Enzensberger, Christian: Literatur und Interesse. Eine politische Ästhetik. Frankfurt/Main: Suhrkamp 1981.

Esterbauer, Reinhold (Hg.): Orte des Schönen. Phänomenologische Annäherungen. Würzburg: Königshausen & Neumann 2003.

Etcoff, Nancy: Nur die Schönsten überleben. Die Ästhetik des Menschen. München: Diederichs 2001.

Frank, Manfred: Der kommende Gott. Vorlesungen über die neue Mythologie. Frankfurt/Main: Suhrkamp 1982.

Fuller, Gregory: Kitsch-Art. Wie Kitsch zu Kunst wird. Köln: Dumont 1992.

Gasper, Harald/Gasper, Regina: Herrlich hässlich! Warum die Welt nicht den Schönen gehört. Frankfurt/Main: Eichborn 2005.

Gilman, Sander L.: Glamour und Schönheit. Vorstellungen von Glamour und Schönheit im Zeitalter der Schönheitsoperationen. In: Haustein, Lydia/ Stegmann, Petra (Hg.): Schönheit. Vorstellungen in Kunst, Medien und Alltagskultur. Göttingen. Wallstein 2006, 177–195.

Grammer, Karl: Was Gesichter sagen oder Die evolutionäre Psychologie der Schönheit. In: Gutwald, Cathrin/Zons, Raimar (Hg.): Die Macht der Schönheit. München: Fink 2007, 71–84.

— Signale der Liebe. Die biologischen Gesetze der Partnerschaft. Hamburg: Hoffmann und Campe 1993.

Gründl, Martin: Attraktivitätsforschung: Auf der Suche nach der Formel der Schönheit. In: Gutwald, Cathrin/Zons, Raimar (Hg.): Die Macht der Schönheit. München: Fink 2007, 49–70.

Guggenberger, Bernd: Sein oder Design. Zur Dialektik der Abklärung. Berlin: Rotbuch 1987.

Gutwald, Cathrin/Zons, Raimar (Hg.): Die Macht der Schönheit. München: Fink 2007.

Haustein, Lydia/Stegmann, Petra (Hg.): Schönheit. Vorstellungen in Kunst, Medien und Alltagskultur. Göttingen. Wallstein 2006.

Jauß, Hans Robert (Hg.): Die nicht mehr schönen Künste. Grenzphänomene des Ästhetischen. München: Fink 1968.

Jens, Heike: Customize Me! Anmerkungen zur Massenindividualisierung in der Mode. In: Mentges, Gabriele/Richard, Birgit (Hg.): Schönheit der Uniformität. Körper, Kleidung, Medien. Frankfurt/New York: Campus 2005, 199–220.

Kasten, Erich: Body-Modification. Psychologische und medizinische Aspekte von Piercing, Tattoo, Selbstverletzungen und anderen Körperveränderungen. München und Basel: Ernst Reinhardt 2006.

Kessler, Eckhard: Die Proportionen der Schönheit. In: Gutwald, Cathrin/Zons, Raimar (Hg.): Die Macht der Schönheit. München: Fink 2007, 133–160.

Klemmer, Heiner F./Pauen, Michael/Raters, Marie-Luise (Hg.): Im Schatten des Schönen. Die Ästhetik des Hässlichen in historischen und aktuellen Debatten. Bielefeld: Aisthesis 2006.

Koppe, Franz: Grundbegriffe der Ästhetik. Frankfurt/Main: Suhrkamp 1983.

Liebau, Eckart/Zirfas, Jörg Hg.): Schönheit. Traum – Kunst – Bildung. Bielefeld: transcript 2007.

Liessmann, Konrad Paul: Ästhetische Empfindungen. Wien: WUV/UTB 2009.

— Kitsch! oder warum der schlechte Geschmack der eigentlich gute ist. Wien: Brandstätter 2002.

— Ohne Mitleid. Zum Begriff der Distanz als ästhetische Kategorie mit ständiger Rücksicht auf Theodor W. Adorno. Wien: Passagen 1991.

— Philosophie der modernen Kunst. Wien: WUV/UTB 1999.

— Philosophie des verbotenen Wissens. Friedrich Nietzsche und die schwarzen Seiten des Denkens. Wien: Zsolnay 2000.

Lühe, Astrid van der: David Humes ästhetische Kritik. Hamburg: Meiner 1996.

Macho, Thomas: Altgriechische Schönheitsideale. Die bunten Götter und der häßliche Sokrates. In: Gutwald, Cathrin/Zons, Raimar (Hg.): Die Macht der Schönheit. München: Fink 2007, 115–131.

Maase, Kaspar (Hg.): Die Schönheit des Populären. Ästhetische Erfahrung der Gegenwart. Frankfurt/New York: Campus 2008

Majetschak, Stefan: Ästhetik zur Einführung. Hamburg: Junius 2007.

Menninghaus, Winfried: Das Versprechen der Schönheit. Frankfurt/Main: Suhrkamp 2003.

Mentges, Gabriele/Richard, Birgit (Hg.): Schönheit der Uniformität. Körper, Kleidung, Medien. Frankfurt/New York: Campus 2005.

Meyer-Drawe, Käte: Inschriften des Leibes. Tattoos, Piercings, Brandings. In: Gutwald, Cathrin/Zons, Raimar (Hg.): Die Macht der Schönheit. München: Fink 2007, 221–244.

Most, Glenn W. et al.: Artikel „Das Schöne". In: Ritter, Joachim/Gründer, Karlfried (Hg.): Historisches Wörterbuch der Philosophie. Darmstadt: Wissenschaftliche Buchgesellschaft 1992, Band 8, Sp. 1343–1386.

Naumann, Frank: Schöne Menschen haben mehr vom Leben. Die geheime Macht der Attraktivität. Frankfurt/Main: Fischer 2006.

Nehamas, Alexander: Only a Promise of Happiness. The Place of Beauty in a World of Art. Princeton: Princeton University Press 2007.

— The Return of the Beautiful. Morality, Pleasure, and the Value of Uncertainty. In: The Journal of Aesthetics and Art Criticism, 54, 4/2000, 393–403.

Perpeet, Wilhelm: Vom Schönen und von der Kunst. Bonn: Bouvier 1997.

Pikulik, Lothar: Frühromantik: Epoche, Werke, Wirkung. München: Beck 2000.

Pippal, Martina/Wegenstein, Bernadette: Die Arbeit am eigenen Körper. Wien: Picus 2009.

Posch, Waltraud: Projekt Körper. Wie der Kult um die Schönheit unser Leben prägt. Frankfurt/New York: Campus 2009.

Pothast, Ulrich: Die eigentlich metaphysische Tätigkeit. Über Schopenhauers Ästhetik und ihre Anwendung durch Samuel Beckett. Frankfurt/Main: Suhrkamp 1982.

Pöltner, Günther: Philosophische Ästhetik. Stuttgart–Berlin: Kohlhammer 2008.

Recki, Birgit: „Herabgekommen ins Sichtbare". Eine Apologie der Schönheit in pragmatischer Hinsicht. In: Konersmann, Ralf (Hg.): Das Leben denken – Die Kultur denken. Bd. 1: Leben. München: Alber 2007, 176–196.

Rehn, Rudolf: Die Entzauberung des Eros: Symposion. In: Kobusch, Theo/ Mojsisch, Burkhard (Hg.): Platon. Seine Dialoge in der Sicht neuerer Forschung. Darmstadt: Wissenschaftliche Buchgesellschaft 1996.

Renz, Ulrich: Schönheit. Eine Wissenschaft für sich. Berlin: Berliner Taschenbuchverlag 2007.

Reschke, Renate: Artikel „Schön/Schönheit". In: Barck, Karlheinz (Hg.): Ästhetische Grundbegriffe. Bd. 5. Stuttgart–Weimar: Metzler 2003, 390–436.

Rorty, Richard: Die Schönheit, die Erhabenheit und die Gemeinschaft der Philosophen. Mit einem Kommentar von Albrecht Wellmer. Aus dem Amerikanischen von Christa Krüger und Jürgen Blasius. Frankfurt/Main: Suhrkamp 2000.

Safranski, Rüdiger: Romantik. Eine deutsche Affäre. München: Hanser 2007.

Scarry, Elaine: On Beauty and Being Just. Princeton: Princeton University Press 1999.

Schöne-Seifert, Bettina/Talbot, Davinia (Hg.): „Enhancement". Die ethische Debatte. Paderborn: Mentis 2009.

Scholz, Gudrun: Schönheit im Industriedesign. In: Maase, Kaspar (Hg.): Die Schönheit des Populären. Ästhetische Erfahrung der Gegenwart. Frankfurt/ New York: Campus 2008, 157–182.

Schlaffer, Hannelore: Schönheit. Über Sitten und Unsitten unserer Zeit. München: Kunstmann 1996.

Schweppenhäuser, Gerhard: Ästhetik. Philosophische Grundlagen und Schlüsselbegriffe. Frankfurt/Main: Campus 2007.

Seidel, Martin: Kunst und Schönheit – eine schwierige Liaison. In: Kunstforum International 191/2008, 41–61.

— Widerstand der Ästhetik. Die Selbstverpflichtung der Schönheit. In: Kunstforum International 192/2008, 41–50.

Tatarkiewicz, Władysław: Geschichte der sechs Begriffe. Kunst, Schönheit, Form, Kreativität, Mimesis, Ästhetisches Erlebnis. Aus dem Polnischen von Friedrich Griese. Frankfurt/Main: Suhrkamp 2003.

Trapp, Wilhem: Künstliche Paradiese. Über Schönheit und Werbung. In: Gutwald, Cathrin/Zons, Raimar (Hg.): Die Macht der Schönheit. München: Fink 2007, 205–220.

Treptow, Elmar: Die erhabene Natur. Entwurf einer ökologischen Ästhetik. Würzburg: Königshausen & Neumann 2001.

Turkof, Edvin/Sonnleitner, Elis/Stirn, Aglaja: Schamlippenkorrektur. Enzyklopaedia Aesthetica. Wien: Maudrich 2009.

Villa, Paula-Irene: Habe den Mut, dich deines Körpers zu bedienen. Thesen zur Körperarbeit in der Gegenwart zwischen Selbstermächtigung und Selbstunterwerfung. In: Villa, Paula-Irene (Hg.): schön normal. Manipulationen am Körper als Technologien des Selbst. Bielefeld: transcript 2008, 245–272.

— (Hg.): schön normal. Manipulationen am Körper als Technologien des Selbst. Bielefeld: transcript 2008.

Welsch, Wolfgang (Hg.): Die Aktualität des Ästhetischen. München: Fink 1993.

Wiesing, Lambert: Die Sichtbarkeit des Bildes. Geschichte und Perspektiven der formalen Ästhetik. Reinbek bei Hamburg: Rowohlt 1997.

Zahavi, Amotz & Avishag: Signale der Verständigung. Das Handicap-Prinzip. Frankfurt/Main: Insel 1998.

Personenregister